AF609384

CATALOGUE

DU MUSÉE D'AIX

CATALOGUE

DU

MUSÉE D'AIX

(Bouches-du-Rhône)

DRESSÉ

SOUS LA DIRECTION DU CONSERVATEUR

PAR

HONORÉ GIBERT

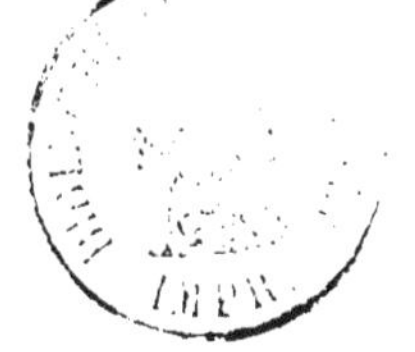

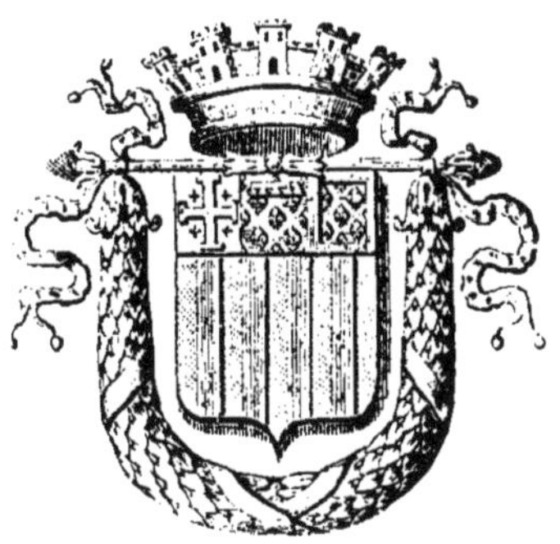

AIX

MAKAIRE, IMPRIMEUR-ÉDITEUR

2, rue Pont-Moreau 2

1862

MONSIEUR RIGAUD, MAIRE DE LA VILLE D'AIX, DÉPUTÉ AU CORPS LÉGISLATIF, OFFICIER DE LA LÉGION-D'HONNEUR.

MONSIEUR LE MAIRE,

Grâce à la sollicitude de l'administration municipale pour tout ce qui a pu concourir à l'augmenter, le Musée d'Aix occupe aujourd'hui un rang qui n'est pas sans distinction parmi les galeries publiques de province. L'avenir lui assure une importance encore plus considérable. Aussi est-il dans une voie de prospérité où la publication du Catalogue des objets qu'il renferme est devenue indispensable.

C'est dans ce but et à raison de l'intérêt que présente notre collection, qu'a été fait ce livre.

J'ai l'honneur de le soumettre à votre approbation et j'ose espérer qu'il aura auprès de vous l'accueil sympathique que vous réservez à tout ce qui se rattache à notre établissement artistique.

Je suis avec respect,

MONSIEUR LE MAIRE,

Votre très-humble et obéissant serviteur,

Le Directeur de l'Ecole spéciale de Dessin d'Aix,
Conservateur du Musée.

J. GIBERT.

21 avril 1862

Monsieur le Conservateur,

J'ai parcouru avec le plus vif intérêt le Catalogue dressé par vos soins, des tableaux, dessins et autres objets d'art contenus dans notre Musée.

Ce travail témoigne une fois de plus de votre zèle et de votre érudition, et il servira à faire connaître une collection dont l'importance s'accroît tous les jours davantage.

C'est dans ce dessein, et pour seconder vos vues, que je vous autorise à le faire imprimer au nombre d'exemplaires que vous jugerez convenable.

Veuillez agréer l'assurance de mes sentiments très-distingués,

Le Maire d'Aix,

E. Rigaud.

22 avril, 1862

INTRODUCTION.

Les traditions artistiques d'une contrée sont intimément liées aux collections d'art publiques que l'on y rencontre. Celles-ci en sont ordinairement la manifestation, et de là peut-être, le reproche adressé parfois aux musées de province, d'être souvent trop exclusifs en ne présentant à peu près que des œuvres d'artistes indigènes. Mais aujourd'hui que la centralisation a refoulé vers Paris, le grand foyer des arts, les productions de ces artistes ne semblent-elles pas acquérir une valeur de plus à être conservées sous le ciel qui les vit naître, au milieu de ceux qu'une certaine conformité de nature unit à leurs auteurs ?

Les Musées des départements, si l'on met de côté les œuvres d'art d'un intérêt plus général dont des circonstances fortuites les ont dotés, deviennent ainsi de véritables écoles populaires, dans lesquelles se traduisent en un langage intelligible à tout le monde, l'histoire, les croyances, les gloires artistiques et jusqu'aux goûts somptuaires, d'abord d'une région et en outre de plusieurs générations. Ils ont aussi l'avantage de localiser les diverses physionomies sous lesquelles se présente notre art national, et c'est enfin dans leur sein que se recrutent en plus grand nombre ces documents dont s'enrichissent chaque jour nos annales artistisques et archéologiques.

Le Musée d'Aix, de création à peu près récente, n'a pas encore atteint complétement ce but, vers lequel le seul bon vouloir des administrateurs ne conduit pas toujours ; aussi, ne serait-ce que pour suppléer un peu à son insuffisance, rappelons ce que furent jadis les arts dans la cité dont il fait un des principaux ornements.

Sans qu'il soit besoin pour cela de fouiller dans un passé, quelquefois trop conjectural, sans élargir non plus le cadre restreint de cette Notice, en y parlant du mouvement artistique dont notre province fut autrefois le théâtre, et dont Aix, alors ville importante, et l'une des étapes de cette route d'Italie si battue de tout temps par les artistes, fut le centre, nous n'aurons, pour toute indication, qu'à citer un fait encore palpitant d'actualité dont le souvenir durera dans nos villes méridionales. Car ce n'a pas été, il y a une année à peine, un événement de minime importance pour l'histoire intellectuelle de celles-ci, que la pensée réalisée par la ville de Marseille, d'annexer, en 1861, au concours régional du sud-est de la France, une exposition des Beaux-Arts : vaste pinacothèque ouverte pendant trois mois aux plus beaux ouvrages qui témoignent de l'antique opulence de la Provence, mais aussi plus particulièrement aux œuvres les plus remarquables des artistes provençaux.

Dire la part brillante qu'Aix a prise à cette glorieuse exhibition, c'est renouveler l'hommage qu'y a obtenu d'un commun accord, le notable contingent qu'il y a apporté. Notre cité ne pouvait en effet que s'associer avec honneur à la réalisation de cette pensée, et ce serait un long et curieux inventaire que celui où seraient consignées toutes les œuvres d'art dont ses églises, ses couvents, ses palais, ses hôtels furent ornés avec profusion par ce vieux Brugeois Finsonius dont les ouvrages abondent dans nos contrées, par Munault, que l'on croit élève de ce dernier, par Daret, un autre flamand, inspiré comme le premier de la manière italienne et qui a assez produit pour fournir à de Haitze, son contemporain, la matière d'une longue nomenclature (*), par Fauchier, le robuste portraitiste, par Nicolas Mignard, par Levieux de Nîmes, par Serre, espagnol d'origine mais provençal par adoption, par Pinson de Valence, par Toro, qui revêtit de délicates sculptures l'une des salles de l'Hôtel-de-Ville, et même par Puget, ce Michel-Ange français.

Aux noms de ces artistes s'ajoutent encore ceux des Vanloo, dont le plus célèbre était, au dire de Diderot « né peintre, comme on naît apôtre (**), » de Dandré-

(*) V. *Les curiositéz les plus remarquables de la ville d'Aix*. A Aix, Charles David. 1679.

(**) *Observations sur le Salon de peinture de 1765*.

Bardon, qui eut, comme plus d'un de ses compatriotes, les honneurs de l'Académie, de Peyron qui participa à la réforme artistique de la fin du siècle dernier, et, en étendant la sphère de nos recherches, ceux de bien des peintres illustres dans notre école Française.

Nous céderions volontiers au désir de poursuivre le dénombrement de ces artistes dont les talents variés, mais tous fortement empreints du même air de famille, sont devenus les types d'une puissante école provençale et dont les noms s'inscrivent souvent au premier rang parmi nos illustrations aixoises ; mais ces souvenirs que d'autres ont déjà recueilli (*), ne doivent servir ici qu'à constater, au moins pendant le dix-huitième siècle, le culte fervent rendu aux arts dans l'ancienne capitale de la Provence. Ce culte dont l'influence, agissant sur une population d'élite, se traduisit par les riches collections des Boyer-d'Aiguilles (**), des d'Albertas, des Fonscolombe et plus récemment des Bourguignon de Fabregoule, des Magnan de la Roquette, des Sallier, vit naître

---

(*) D'Argenville, dans son *Abrégé de la vie des plus fameux peintres*, et Dandré-Bardon lui-même, à la suite de son *Essai sur la sculpture*, ont les premiers recueilli des détails biographiques sur quelques peintres et sculpteurs nés à Aix, ou qui y ont laissé le plus grand nombre de leurs ouvrages. Depuis, plusieurs écrivains habitant notre ville, parmi lesquels nous citerons M. Porte, et récemment M. le docteur Silbert, se sont faits les historiens de nos célébrités artistiques. D'un autre côté, M. Frédéric Villot, auteur de la *Notice des tableaux du Louvre*, M. Charles Blanc, dans l'*Histoire des peintres*, mais surtout M. le marquis de Chennevières-Pointel (V. *Recherches sur la vie et les ouvrages de quelques peintres provinciaux*) ont assigné à Finsonius, aux Vanloo, à Peyron, à Granet une place dans les annales de l'art français. Enfin, à l'occasion de l'exposition marseillaise, M. Léon Lagrange, M. E. Parrocel et M. M. Cahumelin nous promettent des publications sur notre école provençale.

(**) V. *Recueil des plus beaux tableaux du cabinet de M. J.-B. Boyer, seigneur d'Aiguilles, conseiller au parlement de Provence.* Aix, *chez Coelemans, marchand et graveur en taille douce, à la place des Prêcheurs,* in-fol. max. 1709; et plus tard, édition de Mariette, 1744.

dans notre ville un premier établissement public consacré aux arts d'imitation, frère aîné de notre Musée, et dont l'histoire doit être comprise dans l'acte de naissance de ce dernier que nous dressons en tête de cette Notice.

En 1771, Honoré Armand, duc de Villars, gouverneur de Provence, fondait à Aix, par testament, avec une dotation, ce que l'on appelait alors une Académie de Peinture : école destinée à former la jeunesse dans cet art qui, suivant une expression aussi vraie que concise, est *père de tous les* autres *arts, où la matière est modifiée par l'industrie* (*).

Trois ans plus tard, en 1774, les Etats de la province annexèrent à cette institution une école de sculpture dont Chastel, à qui nos monuments qu'il décora acquirent un véritable droit de cité, fut le premier professeur, tandis qu'un peintre nommé Aune et le paysagiste Constantin se succédaient dans la direction de l'Académie (**).

Cet établissement cessa d'exister sous la République, mais, la ville ayant été désignée par une loi de la Convention nationale du 18 germinal, an III, pour être le siége d'une Ecole Centrale, une chaire spéciale pour les travaux graphiques et qui faisait partie de cette école, vint en quelque sorte le remplacer (***).

(*) Rapport de Heurtaut-Lamerville au conseil des Cinq-Cents, sur la nécessité de créer des écoles nationales de Beaux-Arts, et d'établir auprès d'elles des muséums.

(**) Cette académie occupait le local dit *la Chapelle-des-Dames*, situé dans la rue des Jardins.

(***) Les Ecoles Centrales créées par la loi du 7 ventôse, an III, devaient être réparties sur la surface de la France, et il devait y en avoir une pour environ trois cent mille âmes de population.

L'Ecole Centrale ne tarda pas elle-même d'être abolie, et, dès 1802, elle laissait un trop grand vide dans l'enseignement public pour que les administrateurs du pays ne dussent bientôt songer à le remplir. L'ancienne Académie de peinture ne fut point oubliée dans les nouvelles institutions et une délibération du conseil municipal, prise en 1803, sur la proposition de M. Sallier, maire de la ville, pourvut à sa réouverture en lui assignant la dénomination d'*Ecole publique et gratuite de dessin*.

Le 25 ventôse de la même année, la commission municipale d'Aix rédigea une adresse à la Convention nationale, par laquelle elle demandait que la ville fût désignée pour l'établissement d'une de ces écoles, vu, est-il dit dans cette pièce, l'ancienne importance d'Aix, sa situation au centre du département et la perte qu'il a faite de son collége national, de son université, de son jardin botanique et de son *Académie de peinture*.

L'Ecole Centrale établie à Aix par la loi du 18 germinal an III, confirmée le 3 brumaire an IV, se composait de différentes chaires auxquelles étaient attachés dix professeurs. Elle fut établie dans les anciens couvents contigus des Andrettes et des Bénédictines, appropriés à leur nouvelle destination par le sieur Aubrespin, ingénieur du département. La ville dut la pourvoir d'une bibliothèque publique, d'un jardin botanique, d'un cabinet d'histoire naturelle, d'un cabinet de chimie et de physique expérimentale, et d'un *cabinet de tableaux* et de modèles de machines.

La collection de peinture dont il est ici question dut être prise parmi des toiles qui avaient été déposées en très-grand nombre dans les locaux mêmes des Andrettes et des Bénédictines. Nous trouvons à la suite d'un inventaire de ce dépôt une liste d'environ cinquante tableaux de diverses écoles qui y furent choisis et mis en réserve, ainsi que des estampes, pour concourir à la formation du musée départemental de Marseille.

Par arrêté du premier consul du 14 fructidor an VIII, quinze musées furent créés dans les villes de Lyon, Bordeaux, Strasbourg, Bruxelles, Marseille, Rouen, Nantes, Dijon, Toulouse, Genève, Caen, Lille, Mayence, Rennes, Nancy.

V. *Les Musées de province*, par M. le comte Clément de Ris

Cette nouvelle école obtenait en 1810, par sa bonne organisation, les suffrages de M. Denon, directeur général des Musées impériaux, en tournée d'inspection dans les départements. Elle recevait en 1821, du ministre de l'intérieur, le droit de prendre désormais le titre d'*Ecole spéciale*. Plus tard, M. le comte de Forbin, qui avait succédé à M. Denon, obtenait pour elle du Gouvernement la majeure partie de ces moulages pris sur l'antique dont elle est si richement pourvue, et c'est sans doute de sa prospérité croissante que surgit l'idée de créer à Aix un Musée d'objets d'art, qui fût un lieu d'étude pour les jeunes artistes, en même temps qu'un but d'instruction et de délassement pour la population.

Déjà la ville avait acquis les antiquités recueillies par le président Fauris de Saint-Vincens (*), plusieurs envois de tableaux, dus encore à la demande de M. le comte de Forbin, avaient été faits par l'Etat (**), l'Hôtel-de-Ville lui-

---

(*) Le cabinet formé à Aix par le président Fauris de Saint-Vincens se composait d'antiquités, de médailles, de manuscrits et de livres; il fut acheté de ses héritiers, en partie par le département et en partie par les villes de Marseille, d'Aix et d'Arles. Aix fut autorisé par ordonnance royale du 31 juillet 1821 à acquérir, au prix de 17,000 fr., les objets qui font aujourd'hui partie du Musée, ainsi que des manuscrits, des gravures des dessins conservés à la bibliothèque de la ville.

(**) Parmi ces tableaux figurait celui du baron Gros, représentant *La nuit du 20 mars 1815 aux Tuileries*. Cette toile fut retirée du Musée d'Aix, en 1836, pour faire partie des galeries historiques de Versailles (nº 1099).

Un autre tableau, représentant une *Vue de Normandie*, par M. Lapito, fut également, en 1842, retiré de notre Musée. Le Gouvernement a depuis largement dédommagé la ville de ces deux pertes.

C'est aussi à ces tableaux, envoyés de Paris à Aix, que se rattache l'origine de six toiles d'anciens maîtres, tirées de la collection du Roi et données par lui, en 1824, à la ville, dont elles ornent aujourd'hui les principales églises. Le catalogue de ces toiles ne nous paraît pas ici déplacé.

même, dont une salle avait été érigée en Musée provisoire, renfermait depuis longtemps quelques pièces d'art et d'archéologie locale. Le noyau d'une collection publique existait donc à Aix, il ne restait qu'à trouver un lieu propre à son installation définitive.

EGLISE MÉTROPOLITAINE DE SAINT-SAUVEUR.

Crayer (Gaspard de), né à Anvers en 1582, mort en 1669 ; élève de Michel Coxie. (Ecole flamande).

1. — Sainte Apolline aux pieds de la Vierge et de l'Enfant Jésus, et divers autres saints. H. 4,50, L. 2,70.

EGLISE PAROISSIALE DE SAINTE-MADELEINE.

Le même.

2. — Le martyre de saint Cyprien, évêque de Carthage, ou de saint Julien. H. 5,40, L. 2,70.

EGLISE PAROISSIALE DE SAINT-JÉRÔME.

Marot (François) né à Paris en 1667, mort en 1719 ; élève de Lafosse (Ecole Française).

3. — La Présentation de la Vierge au temple (1719).

Ce tableau est venu de Versailles, ainsi que celui qui porte ci-après le nº 5. H. 4,00, L. 2,68.

EGLISE PAROISSIALE DE SAINT-JEAN-DE-MALTE

Jouvenet (Jean) né à Rouen en 1644, mort en 1717 ; élève de son père et de Lebrun. (Ecole Française).

4. — Apothéose de saint François de Paule (peint en 1691). V. *Histoire de Jouvenet*, par M. Leroy. H. 3,32, L. 2,44.

EGLISE DE SAINT JEAN-BAPTISTE.

Lafosse (Charles de), né à Paris en 1640, mort en 1716, élève de Lebrun.

5. — Saint Louis en prière. H. 1,78, L. 2,16.

EGLISE DES R. P. OBLATS DE MARIE.

Guerchin (Gio-Francesco Barbieri, dit le) né à Cento en 1590, mort en 1666 ; élève de Cremonini et de Benedetto; (Ecole Bolonaise) ou Ecole du Guerchin.

6. — Sainte Thérèse aux pieds du Sauveur.

Ce tableau ornait, dit-on, avant la Révolution, l'autel de la chapelle des Carmes à Paris, H. 3,90, L. 2,00.

La translation de l'Ecole de dessin, en 1828, de l'ancien couvent des Andrettes, dont elle occupait une partie, dans le local actuel, vint favoriser la réalisation de ce projet. Le prieuré de l'Ordre de Malte, bâti par le prieur Viany, en 1671, fut dès lors consacré au Musée réuni à cette école. Une vaste salle éclairée par la toiture y fut appropriée pour recevoir des tableaux, deux autres moindres furent destinées aux objets d'antiquité; et cette galerie municipale, organisée par les soins du directeur de l'Ecole de dessin, M. Clérian, qui avait été nommé en 1833 conservateur du Musée naissant, put être inaugurée le samedi 1er décembre 1838 (*).

Telle est la date officielle de la création du Musée d'Aix. Insuffisamment garni de tableaux, au début, il dut être provisoirement complété par une collection de peinture appartenant personnellement au conservateur; mais, enrichi depuis de nouveaux dons importants du Gouvernement et des particuliers, accru, en 1840, de divers objets d'antiquité provenant du cabinet de M. Sallier, et, en 1856, d'une partie considérable des dessins du paysagiste Constantin, acquise par la ville, il n'a fait que prospérer, à tel point que l'agrandissement du local est devenu aujourd'hui d'une urgente nécessité.

Nous ne devons pas oublier, parmi les éléments qui ont concouru à son augmentation, la translation qu'on y a faite des monuments exhumés du sol romain de l'antique colonie aquisextine, pendant les fouilles qui y ont été pratiquées, de 1841 à 1844, aux frais du département et de la ville, et sous la direction d'une commission spéciale d'archéologie. Si Aix n'a pas recueilli en cela un aussi grand nombre que les cités voisines, de ces vestiges

---

(*) L'inauguration du Musée d'Aix fut faite, comme l'a été vingt-trois ans plus tard, celle de la galerie-Granet, à la cérémonie de distribution des prix aux élèves de l'Ecole de dessin, sous la mairie de M. Aude, officier de la Légion-d'Honneur; étant adjoints, M. le docteur Goyrand, aujourd'hui vice-président de la commission de l'Ecole de dessin et du Musée, et M. Icard, chevalier de la Légion-d'Honneur.

des siècles passés qui font leur légitime orgueil, les débris de son antiquité, assez nombreux pour remplir une salle lapidaire créée depuis deux années, ne doivent pas moins être en honneur dans le pays qui fut celui de Peiresc, des deux Saint-Vincens, d'Éméric-David.

Mais le Musée d'Aix n'avait pas vu jusque là s'accomplir en sa faveur de ces actes de munificence qui ont fait tout d'un coup la fortune et la renommée de quelques-unes de nos collections publiques des départements, quand en 1849, M. Granet, dont le nom populaire dans les arts, rend ici tout commentaire superflu, en disposant de sa fortune en faveur de sa ville natale, faisait entrer le Musée pour une bonne part dans la distribution de ses largesses, car il le dotait de plusieurs toiles et d'une grande quantité de dessins, qui forment une partie importante de son œuvre, ainsi que d'une collection de tableaux et d'autres objets d'art que sa laborieuse carrière fut en partie occupée à rassembler. La description que nous faisons de ce legs intéressant à la fin de ce Catalogue nous dispense d'en parler ici davantage Nous ajouterons seulement que, grâce au généreux abandon fait à la ville par Mlle Granet, des objets qui le composent, et dont le testateur, son frère, lui avait réservé l'usufruit, une annexe, dont Granet a voulu que sa fortune supportât la dépense, a été faite au Musée d'Aix. Les œuvres d'art provenant de cette succession ont été récemment disposées dans ce nouveau local composé d'une galerie subdivisée en deux travées contenant, l'une, l'œuvre du célèbre peintre d'intérieurs, l'autre, tous les objets étrangers à cette première collection (*).

Après l'acte de patriotisme d'un grand artiste, enregistrons ceux de deux collectionneurs distingués. Le premier, M. de Bourguignon de Fabregoule, conseiller honoraire à

(*) Cette galerie a été inaugurée le 8 décembre 1861, à l'occasion de la distribution solennelle des prix aux élèves de l'Ecole de dessin, présidée par M. Rigaud, maire d'Aix, député au Corps législatif, officier de la Légion-d'Honneur, assisté de M. Pascal Roux, chevalier de la Légion-d'Honneur, et de M. de Philip, adjoints. V. le *Mémorial d'Aix*, nº du 15 décembre 1861

la Cour impériale d'Aix, a fait donation à la ville, il y a deux années, de sa riche collection artistique(*). Ce don accompli par le fils en mémoire de M. de Fabregoule père qui sut faire de son hôtel un asile ouvert à toutes les gloires de la peinture, ne doit, il est vrai, figurer que plus tard dans le Musée d'Aix, mais il assure à cet établissement un brillant avenir. Il y apportera un très-grand nombre d'œuvres de maîtres anciens dont on a pu jusqu'à présent y regretter l'absence, et permettra d'y compter désormais plus de mille toiles et un nombre très-considérable de morceaux de sculpture et d'autres objets d'art.

En dernier lieu, M. Antoine-Honoré Frégier, ancien employé supérieur de la préfecture de la Seine, s'est rendu l'imitateur de ces généreux exemples. C'est par son testament du 14 janvier 1858 que notre Musée s'est enrichi de plusieurs tableaux, mais surtout d'un choix d'estampes qui est devenu pour l'établissement le fond d'un cabinet de gravures, dont il était jusqu'à présent presque entièrement dépourvu.

L'indication que nous faisons, dans le texte de ce Catalogue, autant que nous avons pu la connaître, de la provenance des objets qui y sont décrits, acquittera, dans une certaine mesure, la dette publique de reconnaissance à laquelle ont droit tous ceux qui par des dons particuliers ont concouru à la formation et à l'agrandissement du Musée d'Aix. Après la munificence de l'Etat, c'est surtout aux libéralités de ses habitants que notre ville est redevable de sa collection artistique. C'est ainsi que les Musées de province, dont la création appartient à notre époque, seront pour les générations futures de pieux héritages dans lesquels le souvenir des populations éclairées qui surent apprécier les œuvres d'art, s'alliera au nom de ceux qui furent habiles pour les produire.

Disons maintenant quelques mots de ce livre :

Comme l'indique son titre, ce travail n'est pas une œuvre d'appréciation ; il n'a été fait que pour fournir aux

(*) Actes des 2 et 30 octobre 1860, notaires Bremond et Beraud à Aix.

visiteurs du Musée d'Aix, les renseignements les plus propres à augmenter l'intérêt qui s'attache à une production d'art ou à étendre et préciser les souvenirs que réveille un monument archéologique. Tous les documents qui n'ont pas paru appuyés d'une autorité suffisante en ont été rigoureusement bannis, et nous renverrons fréquemment aux auteurs qui nous ont fourni ceux que nous avons adoptés.

Les catalogues des Musées, on l'a déjà dit, sont à refaire dès le jour qu'ils sont terminés : en effet, les collections augmentent, et ils se trouvent ainsi bientôt incomplets, ou bien, tel renseignement qui semblait bon dans un premier travail est plus tard écarté par un autre qui lui est préférable, car ces livrets doivent être surtout l'expression des opinions les plus générales. Cela peut s'appliquer principalement au Musée d'Aix où un Catalogue, jusqu'ici sans précédent, était à faire en entier.

Nous avons voulu le rendre aussi complet que possible en y donnant une place à tous les objets dont se compose notre collection : objets qui, comme dans la plupart des Musées de province, ont des provenances diverses et forment ainsi rarement des ensembles suffisamment complets. Pour cela faire, il a fallu adopter un classement. Les trois grandes divisions des arts de dessin : Peinture, Sculpture, Architecture, auxquelles nous avons ajouté deux autres divisions consacrées, l'une à l'Epigraphie, l'autre à ces mille objets que l'on est convenu d'appeler des curiosités, nous ont paru présenter un cadre propre à tout renfermer. Sur quelques-uns de nos monuments lapidaires, le caractère sculptural s'allie parfois à l'intérêt épigraphique, nous avons donné la préférence, pour assigner une place à ces monuments, à celui de ces deux caractères qui nous a paru l'emporter sur l'autre.

Enfin pour correspondre aux intentions du testateur, nous avons dû décrire à part le legs-Granet, en le divisant méthodiquement.

De plus, un appendice est devenu nécessaire pour cataloguer quelques nouveaux objets acquis au Musée pendant l'impression de ce livret.

Avant d'entrer en matière, il nous reste à faire agréer nos remercîments à toutes les personnes qui nous ont aidé de leurs connaissances dans cette publication : de ce nombre est M. le docteur Pons qui a bien voulu s'y intéresser d'une façon toute particulière.

M. T. Deveria, conservateur adjoint du Musée égyptien du Louvre, s'est, de son côté, chargé de décrire, avec une obligeance sans égale et une érudition parfaite, tous nos monuments, jusqu'à présent inédits, venus des bords du Nil. Qu'il nous soit permis de lui en exprimer toute notre reconnaissance.

NOTA. — Quelques tableaux et d'autres objets d'art décrits dans ce Catalogue n'ont pu provisoirement avoir leurs places dans les salles du Musée, dont le nouvel arrangement entrepris depuis peu, est encore inachevé au moment où parait cette publication.

ABRÉVIATIONS.

H. . . . . Hauteur.
L. . . . . Largeur.
D. . . . . Diamètre.
T. . . . . Peint sur Toile.
P. . . . . Peint sur Panneau
C. . . . . Peint sur Cuivre.

PEINTURE.

TABLEAUX D'AUTEURS CONNUS.

ARNULPHY (CLAUDE), *né à Aix en* **1697**, *mort dans cette ville en* **1786** ; *élève du chevalier Bénédetto Luti.* (Ecole Française).

1. — Portrait de Luc de Clapiers, marquis de Vauvenargues, né à Aix en 1715, mort à Paris en 1747.

On a avancé que ce tableau pourrait être l'image d'un frère cadet du célèbre moraliste.

(Don de M. le marquis de Galliffet 1838).

T. H. 0,98, L. 0,79.

BEAULIEU (GUSTAVE DE), *né à Aix en* **1801**, *mort dans cette ville en* **1860** ; *élève de Constantin.*

2. — Paysage avec figures.

Site pris à Beaulieu (environs d'Aix).

(Don de l'auteur 1858). *T.* H. 0,89. L. 1,15.

BOISSELIER (ANTOINE-FÉLIX), *né à Paris ; élève de Bertin.*

3. — Vue des Andelys (Eure) 1835.

On y voit, sur le premier plan, Le Poussin, né dans cette ville en 1594, accosté par plusieurs personnages, pendant qu'il dessine sur le bord de la Seine.

(Don du Gouvernement). T. H. 1,12, L. 1,41.

BONNEGRACE (CHARLES-ADOLPHE), *né à Toulon; élève de Gros.*

4 — La femme d'un pêcheur, à genoux sur le rivage pendant une tempête, implore le ciel pour son époux absent (1836).

(Don de M. le ministre de l'intérieur 1836).
T. H. 2,12, L. 1,78.

BOUCHET (LOUIS-ANDRÉ-GABRIEL); *élève de David.*

5. — Portrait en pied de Louis XVIII, roi de France, représenté en costume de sacre (1816).

(Don du Roi). T. H. 2,43, L. 1,61.

BOURDON (SÉBASTIEN), *né à Montpellier en* 1616, *mort à Paris en* 1671; *élève de son père.* (Ecole Française).

6. — Saint Sébastien, officier dans la garde prétorienne, vient d'être percé de flèches par ordre de l'empereur Dioclétien.

L'auteur a remplacé ici par un ange, la femme du martyr Catule, nommée Irène, qui vint après l'exécution, extraire les flèches des blessures du Saint.

(Don de M. le docteur Arnaud 1846*).* T.H. 1,19, L. 1,37.

7. — Deux vieux soldats jouent aux cartes avec un jeune garçon nouvellement enrôlé.

(Legs de M. le marquis A. de Perier 1855*).*
T. H. 0,43, L. 0,76.

BRASCASSAT (JEAN-RAIMOND), *né à Bordeaux; élève de Richard et de Hersent; membre de l'Institut.*

8. — Paysage historique : Argus gardant la vache Io. Rome (salon de 1827).

(Accordé par M. le ministre de l'intérieur 1828).
T. H. 1,28, L. 1,93.

BRUNE (CHRISTIAN), *né à Paris en* 1793 ; *élève de Bertin.*

9. — Vue de Piémont : effet du matin, 1832.

Un torrent traverse un site montagneux où l'on voit plusieurs fabriques.

(Accordé par M. le ministre du commerce et des travaux publics 1833).
T. H. 1,29, L. 1,83.

BRUNE (*Mme* AIMÉE), *née* PAGÈS, *à Paris ; élève de Meynier.*

10. — Il far niente.

Une jeune femme, ayant à son côté un enfant, rêve assise sur un tertre, tandis que sa compagne est nonchalamment couchée à ses pieds.

(Don du Gouvernement 1852).
T. H. 1,93, L. 1,44

CALABRAIS (MATTIA-PRETI *dit* LE), *né à Taverne en Calabre, en* 1613, *mort à Malte en* 1699 ; *élève de Guerchin.* (Ecole Napolitaine).

11. — Le Martyre de sainte Catherine.

Ce qu'on sait de plus certain sur cette sainte, c'est qu'elle vivait à Alexandrie dans le quatrième siècle sous l'empereur Maximilien II, et que la résistance qu'elle opposa aux tentatives de séduction que dirigea contre elle le César Maximin Daïa, fut une des causes de son martyre.

L'auteur a suivi, dans ce tableau, la tradition la plus commune en représentant la Sainte au moment où la roue, dont on devait d'abord se servir pour la torturer vient de se briser miraculeusement et où l'exécuteur va la mettre à mort en lui tranchant la tête. De nombreuses figures concourent à l'ensemble de cette composition.

(Ce tableau, peint dans le principe pour l'Ordre de Malte, ornait en dernier lieu la chapelle des pères Jésuties, au cours Saint-Louis, à Aix).
T. H. 3,63, L. 2,44.

CARAVAGE (MICHELANGIOLO-AMÉRIGHI *ou* MORIGI *dit* LE), *né en* **1569**, *mort en* **1609** *à Porto Ercole.* (Ecole Romaine.)

12. — La fille d'Hérodiade reçoit des mains du bourreau la tête de saint Jean-Baptiste.

« 27. — Ainsi il (Hérode) envoya un de ses gardes avec ordre d'apporter la tête de Jean dans un bassin ; et ce garde étant allé dans la prison lui coupa la tête,

« 28. — l'apporta dans un bassin, et la donna à la fille... »
(*Evangile de St Marc*, chap. VI.)

(*Don de M. Rémi Gérard de Gardanne*, 1837).
T. H. 1,00, L. 1,36.

CLERIAN (LOUIS-MATHURIN), *né à Pont-Audemer (Eure) en* **1768**, *mort à Aix en* **1851** ; *ancien directeur de l'Ecole spéciale de Dessin et conservateur du Musée d'Aix.*

13. — Portrait de l'auteur (1802).

(*Offert par la famille de M. Clérian* 1853).
T. H. 0,42, L. 0,34.

14. — Apparition de la Vierge à saint Luc (salon de 1822).

(*Même provenance*). T. H. 1,30, L. 1,05.

CLERIAN (THOMAS-JOSEPH), *né à Aix en* **1796**, *mort à Avignon en* **1843** ; *élève de son père et de Granet.*

15. — Gallilée abjure ses doctrines devant le tribunal de l'Inquisition.

L'auteur a transporté cette scène dans l'ancienne chapelle des Grands-Carmes à Aix.

(*Acquis par la ville en* 1853). T. H. 1,74, L. 1,31.

CLOUET (FRANÇOIS *dit* JANET), *né vers* **1510**, *mort en* **1572**. (Ecole Française).

16. — Portrait de Henri III, roi de France.

(Don de M. J.-J.-A. Philippe, marquis d'Arbaud-Jouques). P. H. 0.52, L. 0.40.

CONSTANS (ÉTIENNE), *né à Vitrolles (Bouches-du-Rhône).*

17. — Entrée du vieux port de Marseille (1831).

(Don de l'auteur). T. H. 0.35. L. 0.46.

CONSTANTIN (JEAN-ANTOINE), *né à Marseille en* 1756, *mort à Aix en* 1844. (Voir aux dessins, art. *OEuvre-Constantin*).

18. — Paysage historique : Supplice de Promethée.

(Acquis par la ville). T. H. 0.87. L. 1.08.

19. — Site de rochers avec arbres et figures.

(Même provenance). T. H. 1.24, L. 0,94.

20 — Gorge de montagne.

On y voit deux moines en méditation.

(Même provenance). T. H. 1,16, L. 0.87.

21. — Arbres et rochers au bord de la mer.

Des soldats y sont en repos.

(Don de M. le docteur Arnaud 1846).

T. Forme ronde. D. 0,51.

22. — Vue prise à Aix, au boulevart Saint-Louis.

(Don de Mesdames Ginésy et Ametller, nées Constantin).
P. H. 0,27, L. 0,37.

23. — Vallon boisé.

(Même provenance). T. H. 0.33, L. 0.40.

24. — Portrait d'homme âgé.

(Même provenance). P. Ovale H. 0.24. L. 0,18.

25. — Tête de vieillard coiffée d'un turban.

(Même provenance). P. Ovale, même dim.

CONSTANTIN (SEBASTIEN), *né à Aix; élève de son père.*

26. — Intérieur d'une mansarde du palais du Louvr transformée en atelier de peinture.

(Don de l'auteur, 1846). *T.* H. 0,97, L. 1,18

COURTOIS (JACQUES) *dit* LE BOURGUIGNON, *né à Saint-Hippolyte en Franche-Comté, en* **1621**, *mort à Rome en* 1676; *élève de Jérôme, peintre lorrain.* (Ecole Française).

27. — Combat de cavalerie.

(Legs de M. Frégier). *T.* H. 0,21. L. 0,44.

COUTEL (ANTOINE-MARIUS), *né à Aix; élève d'Ingres.*

28. — Tête d'étude.

(Don de l'auteur 1835). *T.* H. 0,53. L. 0,46.

DANDRÉ-BARDON (FRANÇOIS-MICHEL), *né à Aix en* **1700**, *mort en* **1783** ; *élève de P. Vanloo et de de Troy ; membre de l'ancienne académie de peinture.* (Ecole Française).

29. — L'empereur Auguste punissant des concussionnaires.

Esquisse d'un grand tableau du même auteur, déposé au Palais-de-Justice et qui ornait autrefois, conjointement avec celui qui est décrit au numéro 62, une des salles de réunion du Parlement de Provence.

(Don de M. l'abbé Pouillard 1823). *T.* H, 0,36, L. 0,96.

30. — Allégorie : Union de la Procuration du pays de Provence au Consulat (esquisse).

(Don de M. Pélegrin 1839). *T.* H. 0,66, L. 0,43.

31. — Pendant du sujet précédent : La ville de Marseille secourue par les habitants d'Aix contre les Aragonais.

(Même provenance). *T.* Même dimension.

DARET (JEAN), *né à Bruxelles en* 1613, *mort à Aix en* 1668. (Ecole Française).

32. — Un Guitarrero.

(Don de M. le docteur Arnaud). T. H. 1,32 L. 0,97.

DUBUFE (ÉDOUARD), *né à Paris; élève de son père et de Paul Delaroche.*

33. — Le Prisonnier de Chillon (salon de 1846).

« Je l'appelle, je crois entendre un son. Je fais un effort; je
» brise ma chaîne; je m'élance vers mon frère : il n'était plus,
» seul je vivais; seul je respirais encore l'air infect de notre
» obscure prison. Le destin venait de rompre le dernier et le
» plus cher des liens qui m'attachaient à la terre. Deux de mes
» frères étaient encore près de moi; mais l'un était enseveli
» au-dessous du sol humide que l'autre couvrait de son cada-
» vre. Je saisis une main privée de mouvement; la mienne
» était aussi froide. Je n'avais plus la force de changer de place,
» mais je sentis que je vivais encore. »

(LORD BYRON : traduction d'Amédée Pichot).

(Don du Gouvernement 1851). T. H. 1,35, L. 1,78.

DUCIS (LOUIS), *né à Paris en 1773; élève de David.*

34. — Portrait du docteur J.-A.-Henri Arnaud.

(Don de Madame Reybaud 1847). T. H. 0,74, L. 0,61

DUQUEYLARD (PAULIN), *né à Digne en 1771; élève de David.*

35. — Les Héros grecs tirant au sort les captifs qu'ils ont fait à Troie (Salon de 1808).

« Hæc finis Priami fatorum.
» Telle fut la fin des destinées de Priam.

(VIRGILE).

» Après avoir pris et saccagé Troie, les Héros grecs tirèrent
» au sort le butin et les captifs qu'ils y avaient faits. Parmi
» eux se trouvait la famille entière de Priam. On sait que Cas-
» sandre échut à Agamemnon : Pyrrhus, appelé aussi Néopto-
» lème, eut pour lui Andromaque et Hélénus : Polixène fut la

» part d'Achille, et sacrifiée sur son tombeau; et les soldats
» grecs, fatigués des imprécations d'Hécube, l'accablèrent de
» pierres. Parmi les captifs rassemblés pour le partage, on
» voit sur le devant du tableau, Andromaque ayant sur ses
» genoux le corps de son fils Astyanax, et le bras appuyé sur
» l'urne qui contient les cendres d'Hector ; Cassandre qui pro-
» phétise, Hélénus blessé, Polixène parée pour le sacrifice et
» tenant dans sa main une couronne et des bandelettes, Hécube
» abimée dans sa douleur ; et sur le premier plan, Priam mort
» et auprès de lui son sceptre brisé.

» Au second plan sont : Diomède qui porte le palladium ;
» Ajax, fils d'Oïlée ; Sténélus le bras sur la tête, dans l'attitude
» du repos ; Philoctète encore boiteux et s'appuyant contre la
» colonne ; Ulysse ; Agamemnon, son sceptre à la main et pré-
» sident à la cérémonie ; Pyrrhus, fils d'Achille, prêt à mettre
» la main dans l'urne ; et le vieux Nestor. La plupart sont or-
» nés de lauriers et de bandelettes en signe de victoire.

» La scène se passe au pied de la statue de Jupiter, tenant
» la fortune dans sa main. Sur l'autel qui porte le vase des
» sorts est écrit :

ΔΙΙ ΤΥΚΗΣ ΔΕΣΠΟΤΗ.

A JUPITER ARBITRE DE LA FORTUNE.

» Cette inscription motive le choix qu'on fait les Grecs de
» ce lieu pour tirer leur butin au sort, et peut s'appliquer en
» même temps à l'ensemble du tableau, qui présente un des
» plus grands revers de fortune dont il soit question dans
» l'histoire du monde.

» Plus loin, on voit Ménélas qui emmène Hélène ; Troie qui
» brûle, et le cheval de bois : enfin, dans le fond, l'embouchure
» du Xante, les tombeaux d'Achille et de Patrocle, et la mer.

» Ce grand drame est la conclusion de l'Iliade, le commence-
» ment de l'Odyssée et de l'Enéide. »

(Notice explicative du tableau publiée par l'auteur).

(Don de l'auteur). T. H. 4,50, L. 6,39.

EMERIC-DAVID (SEXTIUS), *né à Aix en* 1793, *mort en* 1858.

56. — Vue des environs du château d'Eu (Normandie).

(Don de l'auteur). T. H. 0,33, L. 0,45.

FAUCHIER (LAURENT), *né à Aix en* 1643, *mort en* 1672 (Ecole Française).

37. — Pêches sur un plat.

(Don de M. le docteur Arnaud 1846). P. H. 0,37. L. 0,43.

FORBIN (L.-N.-P.-AUGUSTE *comte* DE), *né à Laroque (Bouches-du-Rhône) en* 1779; *élève de Boissieu et de David, membre de l'Intitut, ancien directeur-général des Musées royaux.*

38. — Gonzalve de Cordoue s'empare de l'Alhambra de Grenade, 2 janvier 1492 (*).

« Pressée de la famine, Grenade enfin capitula. Le malheu-
» reux Boabdil livra aux Castillans l'Albaysin et l'Alhambra,
» dont s'empara Gonzalve de Cordoue. Le comte de Tendilla,
» nouveau gouverneur de Grenade, vint arborer la croix
» triomphante, l'étendard de Castille et celui de Saint-Jacques
» sur la plus haute tour du palais sarrazin. »

(FLORIAN : *Précis de la domination des Maures en Espagne*).

(Hommage de l'auteur). T. H 2,58. L. 2,05.

FRILLIE (F...) . . . .

39. — Le Baiser de la Muse.

(Don de l'Empereur, 1857) T. H. 0,82. L. 0,59.

GÉRARD (*Mlle* MARGUERITE), *née à Grasse en* 1761 ; *élève de Fragonard.*

40. — La Mère nourrice (esquisse).

(Don de M. le docteur Arnaud 1846). P. H. 0,44, L. 0,37.

GIBELIN (ESPRIT-ANTOINE), *né à Aix en* 1739, *mort en* 1814 ; *élève d'Arnulphy.*

(*) *V.* Le *Portefeuille du comte de Forbin*, avec textes par le comte de Marcellus. Challamel, éditeur.

41. — Allégorie.

« Post equitem sedet atra cura. »
(HORACE).
« Le chagrin monte en croupe et galope avec lui. »
(BOILEAU).

(Don de M. le docteur Arnaud). **T. H. 0,96, L. 1,29.**

GREGOIRE (GASPARD) *né à Aix en* 1751, *mort à Paris en* 1846.

42. — Portrait de l'empereur Napoléon Ier (velour chiné en couleur).

(Don de l'auteur) H. 0,21. L. 0,17.

43. — La Vierge tenant l'Enfant Jésus (velours chiné grisaille).

(Même provenance) H. 0,20, L. 0,16.

GRÉSY (PROSPER), *né à Boulogne-sur-Mer.*

44. — Pins maritimes.

Site pris aux environs d'Aix.

(Don de l'auteur 1846). *T.* H. 0,48, L. 0,81.

45. — Abords d'une Fontaine.

Vue prise à Apt (Vaucluse).

(Même provenance). *P.* H. 0,75, L. 0,58.

GUERCHIN (GIO-FRANCESCO BARBIERI *dit* LE), *né à Cento en* 1590, *mort en* 1666; *élève de Cremonini et de Benedetto.* (Ecole Bolonaise).

46. — Sainte Pétronille.

Le corps de sainte Pétronille est exhumé, au VIIIe siècle, par ordre du pape Paul Ier, en présence du patricien romain Flavius, fiancé de la Sainte, pour être déposé dans l'église de Saint-Pierre.

Cette toile, qui a figuré longtemps dans une ancienne galerie, où on la tenait de Guerchin lui-même, est une reproduction réduite du célèbre tableau du musée du Capitole, dont nous empruntons la description à M. Armengaud.

« La scène représente sur le premier plan l'exhumation du » corps de sainte Pétronille, beau cadavre que soulèvent délicatement de rudes fossoyeurs à la peau bronzée, auprès » desquels on remarque un élégant jeune-homme, vêtu comme » on l'était au XVIe siècle : c'est le fiancé de la morte, ou plutôt » de la sainte ressucitée, car en levant les yeux on revoit encore son image dans le haut de sa composition : on la voit » monter sur les nues vers le *Fils de Dieu*, entouré d'anges » qui lui ouvre le paradis. . . . .

» . . . En bas c'est le corps, en haut c'est l'âme ; mais l'âme » aussi bien que le corps a des formes humaines, s'enveloppe » de draperies terrestres, est visible à l'œil, sensible au toucher, de façon que le peintre, jaloux de faire passer la peinture avant la poésie, laisse triompher sa palette plutôt que » sa pensée. »

(*Les galeries publiques de l'Europe : Rome*).

(*Don de M. J.-J.-A. Philippe, marquis d'Arbaud-Jouques*). T. H. 1,33, L. 0,75.

GUILLEMOT (N...) . . . .

47. — Portrait équestre de Réné d'Anjou, comte de Provence et roi de Naples.

« Quand ce prince partait pour la guerre ou revenait de » de combattre, il signait souvent des lettres de grâce le gantelet à la main. »

(*Livret du salon de* 1824, dont faisait partie ce tableau.

(*Don du Roi*, 1826). T. H. 2,94, L. 3,27.

48. — Jésus apparaissant aux trois Marie.

» 8. — Ces femmes sortirent aussitôt du sépulcre avec » crainte, et beaucoup de joie ; et elles coururent annoncer ceci » aux disciples.

» 9. — En même temps Jésus se présenta devant elles, et » leur dit : Le salut vous soit donné. Et elles s'approchant lui » embrassèrent les pieds, et l'adorèrent. »

(*Evangile de St Mathieu*, chap. XXVIII).

(*Don du Roi*, 1832). T. H. 2,44, L. 1,87.

INGRES (JEAN-AUGUSTE-DOMINIQUE), *né à Montauban en* 1781 ; *élève de David, membre de l'Institut.*

49. — Jupiter et Thétis (Rome 1811).

Thétis vient implorer Jupiter (*).

« Elle parut devant le dieu, et d'une main, embrassant ses genoux et portant l'autre au menton de Jupiter, elle l'implora en ces termes :

» Jupiter, père souverain, si jamais entre les immortels je te
» fus utile, soit par mes discours, soit par mes actions, exauce
» aujourd'hui ma prière ; honore en ma faveur un fils qui de
» tous les guerriers doit arriver le plus rapidement aux bornes
» de la vie ; et cependant Agamemnon l'outrage. Il s'est em-
» paré et jouit du prix de ses travaux. Mais toi, puissant Ju-
» piter, fais éclater sa gloire, donne la victoire aux Troyens
» jusqu'à ce que les Grecs viennent rendre hommage à mon
» fils. »

» Elle parla ainsi. Le dieu qui commande aux nues ne lui répondait point ; il demeura dans un long silence. Thétis, tenant toujours ses genoux embrassés, et le suppliant avec plus d'ardeur : « Ne tarde point, dit-elle, à m'accorder cette grâce et
» à m'en donner un signe certain, ou à me la refuser ; nulle
» crainte ne peut te retenir : que je sache si de toutes les déesses
» je dois être la plus méprisée....... »

» .... Cependant Jupiter n'avait pu se dérober aux regards de Junon : elle l'avait vu s'entretenir avec la fille du vieux Nérée, Thétis aux pieds d'albâtre. »

(*Iliade*, chant I : traduct. de Bitaubé).

(*Accordé par le Roi* 1835). *T.* H. 3,21, L. 2,57.

JEANRON (PHILIPPE-AUGUSTE), *né à Boulogne-sur-Mer. ; élève de Souchon.*

50. — Vue du cap Grinez (Pas-de-Calais) : effet du soir (Ambleteuse, 1854).

Plusieurs figures d'hommes et d'animaux ornent ce paysage.

(*Don de l'Empereur*, 1855). *T.* H 1,20, L. 1,41.

LAPITO (LOUIS-AUGUSTE), *né à Saint-Maur, près Paris, en* 1805 ; *élève de Watelet* ;

51. — Vue de Menton (principauté de Monaco) 1858.

(*Don de l'Empereur* 1859). *T.* H. 0,61, L. 0,90.

(*) V. l'œuvre d'Ingres ; Maginel, éditeur.

LATIL (FRANÇOIS-VINCENT), *né à Aix ; élève de Gros.*

52. — Etude de torse.

Concours de l'Ecole impériale des Beaux-Arts.

(Don de l'auteur). T. H. 0,98. L. 0,79.

LATOUR (MAURICE-QUENTIN DE), *né à Saint-Quentin en* 1704, *mort en* 1788 ; *membre de l'ancienne académie de peinture.* (Ecole Française).

53. — Portrait peint au pastel de Honoré Armand, duc de Villars, gouverneur de Provence en 1728, fondateur de l'Ecole de Dessin d'Aix (Salon de 1743).

Ce personnage est représenté en costume de velours rouge et blanc orné de brandebourgs d'or, de fourrures et de dentelles, et portant l'ordre de la Toison-d'Or

(Legs du duc de Villars). T. H. 0,90. L. 0,73.

LESTANG-PARADE (JOSEPH-LÉON DE), *né à Paris ; élève de Paul Delaroche.*

54. — Camoëns meurt à l'hôpital de Lisbonne entouré de deux nègres qu'il avait emmenés de l'exil.

(Hommage de l'auteur, de son premier tableau).
T. H. 1,93. L. 2,25.

LOUBON (ÉMILE), *né à Aix ; élève de Granet et de C. Roqueplan; directeur de l'Ecole des Beaux-Arts de Marseille.*

55. — Levée du Camp du Midi (Exposition universelle de 1855)

Lors de l'expédition d'Orient, la création d'un camp, connu sous le nom de *Camp du Midi*, dont l'établissement eut lieu sur les côteaux qui s'étendent à l'horizon sud-ouest de la ville d'Aix, fut ordonnée par décision impériale du mois de juillet 1854. L'ouverture en fut faite le 6 août suivant par le 57e deligne, commandé par le brave colonel Dupuy, d'héroïque mémoire.

Les corps qui l'ont occupé, sont : les 10e, 14e, 26e, 39e, 50e, 57e, 61e, 64e, 67e, 74e de ligne ; les 7e, 10e, 20e, 23e légers ; les 5e, 10e, 17e bataillons de chasseurs à pied ; le 14e dragons ; le 1er hussards ; le 3e du génie ; enfin diverses compagnies du train des équipages militaires et des sections d'ouvriers d'administration.

Le dernier corps occupant fut le 10e de ligne qui, le 29 novembre, jour de la clôture, laissa la garde du matériel de campement à cent hommes du 45e de ligne.

Ce camp, ouvert pendant près de quatre mois, ne devait en principe pas recevoir plus de 10,000 hommes de toutes armes, mais le 1er octobre, il atteignit l'effectif de 10,537 hommes, chiffre maximum qui ne fut jamais dépassé.

(Communiqué par M. E. Honnorat, officier d'administration, chef de bureau à la sous-intendance militaire d'Aix).

(*Don de l'Empereur* 1856) T. H. 1,35, L. 2,40.

MARANDON DE MONTYEL (B.-E.-FERDINAND) *né à Bordeaux.*

56. — Soirée d'automne dans une forêt (1851).

(*Don du gouvernement* 1852). T. H. 1,08, L. 0,69.

MARTIN (JEAN-BAPTISTE), *né à Aix ; élève de Granet.*

57. — Mort du peintre Granet, arrivée dans sa maison de campagne près d'Aix, le 21 novembre 1849.

(*Don du Gouvernement*). T. H. 1,80, L. 3,85.

ORRIZONTE (BLOEMEN JEAN-FRANÇOIS-VAN *surnommé*) *né à Anvers en* 1656, *mort à Rome vers* 1740 (Ecole Flamande).

58. — Vue d'Italie.

Un site accidenté qu'animent plusieurs figures, est traversé par un chemin ; on voit à droite un hameau.

(*Don de M. Rémi Gérard de Gardanne*, 1837).
T. H. 1,2L. 1,7. 10.

PALME LE VIEUX (JACOPO PALMA *dit*), *né à Serinalta, dans le Bergamasque* (École Vénitienne).

59. — Saint Antoine de Padoue opérant le miracle de la Sainte Hostie.

« Un autre (hérétique), à Toulouse, après beaucoup de ré-
» sistances, dit au Saint : qu'il ne croirait point que Notre-
» Seigneur fut véritablement au saint sacrement de l'autel,
» qu'il n'eût vu cet article confirmé par un miracle ; et le mi-
» racle qu'il demanda fut que la mule, sur laquelle il montait,
» après avoir été trois jours sans manger, quittât le foin et
» l'avoine qu'il lui présentait, pour aller adorer l'hostie consa-
» crée. Le Saint, plein de foi et de confiance en Dieu, s'offrit
» de lui faire voir ce miracle : en effet, trois jours après, quoi-
» que l'hérétique eut fait jeûner vigoureusement sa mule, et
» qu'alors il lui présentât la pâture qu'elle aimait le plus et la
» pressât de manger : elle quitta tout pour aller se prosterner
» devant le saint sacrement que saint Antoine tenait entre ses
» mains. »

(*Vie des Saints*, par le R. P. Martin, de l'ordre des Minimes).

(*Don de M. le chevalier A. de Parade*). T. H. 1,33, L. 0,95.

PICOU (HENRI PIERRE), *né à Nantes ; élève de Paul Delaroche.*

60. — Fête nautique donnée par Cléopâtre à Antoine.

» .... (Cléopâtre) n'en daigne austrement s'advancer, si-
» non que de se mettre sur le fleuve Cydnus dedans un batteau
» dont la poupe estoit d'or, les voiles de pourpre, les rames
» d'argent, qu'on manioit au son et à la cadence d'une musicque
» de fleustes, haultbois, cythres, violes et austres tels instru-
» ments dont on jouoit dedans.

» Et, au reste, quant à sa personne, elle estoit couchée des-
» soubz un pavillon d'or tissu, vestue et accoustrée toute en la
» sorte qu'on peinct ordinairement Vénus, et auprès d'elle,
» d'un costé et d'autre de beaulx petits enfants habillez ne plus
» ne moins que les peinctres ont accoustumé de pourtraire les
» amours, avecques des éventaulx en leurs mains, dont ils l'es-
» ventoyent. Ses femmes et damoiselles semblablement, les plus
» belles estoyent habillées en nymphes Néréides, qui sont les
» fées des eaux, et, comme les grâces, les unes appuyées sur
» le timon, les austres sur les chables, et chordages du batteau,

» duquel il sortoit de merveilleusement doulces et souëfves
» odeurs de parfums, qui remplissoyent de çà et de là les rives
» toutes couvertes d'un monde innumérable : car les uns accom-
» pagnoyent le batteau le long de la rivière, les austres accou-
» royent de la ville pour veoir que c'estoit. »

(PLUTARQUE, *Vie d'Antoine*, trad. d'Amyot)

(*Don du Gouvernement*, 1849). *T.* H. 2,98. L. 5,28.

PIERRE (JEAN-BAPTISTE), *né à Paris en* **1714**, *mort en* **1789** ; *élève de Natoire et de de Troy, membre de l'ancienne académie de peinture* (Ecole Française).

61. — Andromède est portée avec violence vers la barque qui doit la conduire au rocher sur lequel elle doit être exposée à la fureur d'un monstre marin.

(*Legs de M. Magnan de la Roquette*). *T.* H. 2,32, L. 1,77.

PINSON (NICOLAS), *né à Valence* (*Drôme*) XVIIe *siècle* (Ecole Française).

62. — La justice de Trajan.

Une pauvre femme se jette sur le passage de l'empereur partant pour une expédition et le supplie de punir les meurtriers de son fils, dont elle lui montre le cadavre.

Cette vaste peinture décorait autrefois une des salles de réunion du parlement de Provence.

(*Don de M. d'Estienne*). *T.* H. 3,45, L. 6,95.

PUGET (PIERRE), *sculpteur, peintre, architecte, constructeur de navires, né à Marseille en* **1622**, *mort dans la même ville en* **1694** (Ecole Française).

63. — Portrait de l'auteur.

(*Legs de Mlle Emérie-David*, 1860). *T.* H. 0,46. L. 0,37.

RASPAL (ANTOINE), *né à Arles en* **1738**, *mort dans cette ville en* **1811** ; *élève de Lebarbier aîné* (Ecole Française).

64. — Portrait d'une jeune paysanne portant l'ancien costume arlésien.

(Don de M. le docteur Arnaud). T. H. 0,61. L. 0,50.

RICHAUD (JOSEPH), *né à Aix; élève de Paul Delaroche.*

65. — Portrait de femme âgée.

C'est celui de Luce Michel, épouse Constantin.

(Don de Mesdames Ginésy et Ametller nées Constantin). T. H. 0,32. L. 0,23.

66. — La mise au Tombeau (esquisse).

(Offert par l'auteur). T. H. 0,29. L. 0,35.

ROUILLARD (JEAN-SÉBASTIEN), *né à Paris en 1789 ; élève de David.*

67. — Portrait en pied de Charles X, roi de France, représenté en costume du sacre.

(Don du Roi, 1825). T. H. 2,55. L. 1,78.

SIGNOL (ÉMILE), *né à Paris en 1803 ; élève de Gros, membre de l'Institut.*

68. — Noë maudissant son fils (salon de 1834).

« 24. — Noë s'éveillant après cet assoupissement que le vin « lui avait causé, et ayant appris de quelle sorte l'avait traité « son second fils,

« 25. — il dit : Que Chanaan soit maudit : qu'il soit à « l'égard de ses frères l'esclave des esclaves. »

(*La Genèse*, chap. IX).

(Accordé par M. le Ministre de l'intérieur, 1835). T. H. 3,40. L. 4,61.

TUAIRE (FRANÇOIS), *né à Aix en 1794, mort en 1823 ; élève de Prud'hon.*

69. — Portrait de Louis XVIII, roi de France.

(Don de Mlle Tuaire). T. H. 0,72. L. 0,58.

VAN LOO. (Ecole Française).

70. — Le Baptême de Constantin (esquisse).

T. H. 0,51, L. 0,85.

VAN LOO (JEAN-BAPTISTE), *né à Aix en* 1684, *mort en* 1745 ; *élève de son père, membre de l'ancienne académie de peinture* (Ecole Française).

71. — Portrait de Perrin (1710).

Ce personnage figure parmi les magistrats de la ville.

(*Don de MM. Magnan*, 1846). T. H. 1,20, L. 0,95.

VERNET (CLAUDE-JOSEPH), *né à Avignon en* 1714, *mort à Paris en* 1789 ; *élève de son père et de Lucatelli, membre de l'ancienne académie de peinture* (Ecole Française).

72 — Paysage avec figures.

Bords d'une rivière, effet de clair de lune.

(*Legs Frégier*). P. H. 0,42, L. 0,58.

WATELET (LOUIS-ÉTIENNE), *né à Paris en* 1780.

73 — Vue d'une partie de la ville de Lyon et de l'ancien pont de pierre sur la Saône, remplacé aujourd'hui par le pont de Nemours (1836).

(*Don de M. le Ministre de l'intérieur*, 1842).

T. H. 3,24, L. 2,58.

WITTEL (GASPARD-VAN), *né à Utrech en* 1647, *mort à Rome en* 1736 ; *élève de Withoos* (Ecole Hollandaise).

74. — Vue de Rome.

(*Legs Frégier*). T. H. 0,19, L. 0,28.

TABLEAUX ANONYMES.

PEINTURES PRIMITIVES (XIIe SIÈCLE), ET TABLEAUX D'AUTEURS ATTACHÉS AU RITE GREC.

Les peintres les plus connus de cette période de l'art importé de Byzance en Italie, qui suivit les persécutions des Iconoclastes, sont André Rico, Barnaba et les deux Bizzamano. Leurs œuvres, parmi lesquelles on pourrait ranger les plus anciens des tableaux décrits ci-après, présentent des caractères généraux qui sont : la reproduction de types communément adoptés, la présence du nom des saints représentés, imposée par l'Eglise qui défendait de vénérer des images inconnues, et l'emploi de l'or comme fond et comme rehaut des draperies. Les tableaux récemment peints pour l'usage de l'église grecque, ont conservé les mêmes caractères primitifs.

75. — La Vierge tenant sur son bras droit l'Enfant Jésus qui porte le globe du Monde et donne la bénédiction.

(*Cabinet Saint-Vincens*) P. H. 0.44, L. 0.31.

76. — La Vierge tient l'Enfant Jésus du côté gauche.

(*Même provenance*). P. H. 0.35, L. 0,29.

77 — La Vierge reçoit les caresses de l'Enfant Jésus qu'elle porte sur son bras droit.

(*Même provenance*). P. H. 0,28, L. 0,22

78. — La Vierge tient l'Enfant Jésus caressé par un saint enfant.

(*Même provenance*). P. H. 0,33, L. 0,28.

79. — La Vierge et l'Enfant Jésus sont priés par saint Jean Baptiste enfant.

(*Même provenance*). P. H. 0,33, L. 0,27.

80. — La Vierge et l'Enfant Jésus assistés de sainte Lucie.

(*Même provenance*). P. H. 0,32, L. 0,38.

81. — Tableau formé de deux champs superposés, ornés aux angles des animaux apocalyptiques.

Dans la partie supérieure sont représentés saint Pierre, saint Jean-Baptiste, saint Christophe et saint Paul; dans le bas, saint Thomas, saint Léonard, saint Nicolas et saint ....

(*Même provenance*). *P.* H. 0,39, L. 0,23.

82. — Saint Jean chrysostôme ayant à ses côtés deux apôtres.

(*Même provenance*). *P.* H. 0,23, L. 0,19.

83. — Image d'une sainte.

(*Même provenance*). *P.* H. 0,14, L. 0,11.

84. — Saint Georges terrassant le démon.

(*Même provenance*). *P.* H. 0,21, L. 0,17.

ECOLE D'ITALIE, XIIIe SIÈCLE.

85. — L'Annonciation (volet de triptique).

(*Même provenance*). *P.* H. 0,59, L. 0, 39

86. — La Crèche et l'Annonce aux Bergers (pendant du précédent).

(*Même provenance*). Mêmes dimensions.

87.—Portrait que l'on présume représenter Boniface VIII, avant que les Papes ne portassent la deuxième couronne.

Saint-Vincens tenait cette peinture d'un prélat italien issu de la famille de ce pape.

(*Même provenance*), *P.* H. 0,13, L. 0,10.

ECOLE D'ITALIE XIVe SIÈCLE.

88. — Portrait de saint Louis, évêque de Toulouse, fils de Charles-le-Boiteux, comte de Provence.

Il porte sous la chape l'habit de franciscain; deux anges lui posent la mitre sur la tête, et à ses pieds sont agenouillés le comte Robert son frère et la reine Sanche, épouse de ce dernier.

Ce tableau était conservé autrefois à Aix dans la chapelle des religieuses de sainte Claire, qui le tenaient, depuis 1340, de la reine Sanche elle-même ; à la suppression de leur monastère, qui eut lieu en 1787, elles en firent don à Saint-Vincens (*).

(*Même provenance*). *P.* H. 0,59. L. 0,35.

ECOLE D'ITALIE, XVe SIÈCLE.

89. — Jésus apparaît à ses disciples sur le bord de la mer de Tibériade.

(*Evangile de St Jean*, chap. XXI)

(*Don de M. Sallier* 1822). *P.* H. 0,23, L. 0,80.

ECOLE VENITIENNE.

90. — Salomon, entouré de courtisannes, rend un culte aux idoles.

« 4. — Il était déjà vieux, lorsque les femmes lui corrom-
» pirent le cœur pour lui faire suivre des dieux étrangers....
» 5. — Mais Salomon servait Astarthé, déesse des Sidoniens,
» et Moloch l'idole des Ammonites. »

(IIIe *livre des Rois*, chap. XI).

(*Legs de M. Magnan de la Roquette*). *T.* H. 1,22, L. 1,76.

91. — La robe ensanglantée de Joseph est présentée à Jacob (*attribution* : TITIEN).

« 31. — Après cela ils prirent la robe de Joseph, et l'ayant
» trempée dans le sang d'un chevreau qu'ils avaient tué,
» 32. — ils l'envoyèrent à son père, lui faisant dire par ceux
» qui la lui portaient : Voici une robe que nous avons trouvée,
» voyez si c'est celle de votre fils, ou non.
» 33. — Le père l'ayant reconnue, dit : C'est la robe de mon
» fils ; une bête cruelle l'a dévoré, une bête a dévoré Joseph...
» 35. — Alors tous ses enfants s'assemblèrent, pour tâcher
» de soulager leur père dans sa douleur : mais il ne voulut
» point recevoir de consolation..... »

(*La Genèse*, chap. XXXVII).

(*Don de M. Rémi Gérard de Gardanne*, 1837.).

T. H. 1,64, L. 2,31.

(*) V. *Les Rues d'Aix*. T. 1.

92. — Susanne est surprise au bain par les vieillards.
(*Daniel* chap. XIII).
T. H. 1,35, L. 1,55.

ECOLE GÉNOISE.

93. — Des pièces de gibier qui formaient la charge d'un cheval et d'un âne, viennent d'être déposées à terre avec des armes de chasse. Un jeune garçon retient un chien qui s'avance pour les flairer (*attribution* BENEDETTO CASTIGLIONE).

(*Don de M. Gowert* 1853). *T.* H. 1,95, L. 2,73.

94 — Des abatis de chasse : un cerf, une hure de sanglier, un lièvre et de la volaille, que flaire un épagneul, ont été déposés sur une table de pierre où sont aussi des fruits et des vases de métal. On voit dans le fond une galerie ornée d'une statue.

(*Legs de M. Magnan de la Roquette*). *T.* H. 1,93, L. 2,41.

ECOLE ALLEMANDE, FIN DU XVe SIÈCLE.

95. — La fille d'Hérodiade apporte à sa mère la tête de saint Jean-Baptiste.(*Ev. de St Marc* chap. VI).

(*Cabinet Saint Vincens*). *P.* H. 0,36, L. 0,26.

ECOLE FLAMANDE.

96. — Portrait de femme représentée aves les attributs de sainte Madeleine (XVIe SIÈCLE).

(*Même provenance*). *P.* H. 0,33, L. 0,24.

97. — L'Enfant Jésus soutenu par la Vierge et par sainte Anne, est glorifié par plusieurs saints

(*Même provenance*). *P.* H. 0,25, L. 0,34.

98. — Bambochade.

Des paysans sont à table dans l'intérieur d'une ferme.

(*Don de M. Rémi Gérard de Gardanne*, 1837).
P. H. 0,49, L. 0,64.

98 *bis*. — Sujet analogue au précédent et y faisant pendant.

(*Même provenance*). T Mêmes dimensions.

99. — Paysage : retour d'une chasse.

(*Legs Frégier*) P. H. 0,47, L. 0,75.

100. — Intérieur d'un corps-de-garde (*attribution* : RICKAERT).

(*Même provenance*). P. H. 0,28. L. 0,68.

101. — Combat de cavaliers.

(*Même provenance*). P. H. 0,24, L. 0,30.

102. — Intérieur de la cathédrale d'Anvers (*attribution* : PEETER NEEFS).

(*Même provenance*). P. H. 0,25, L. 0,34

103. — Chaumières, rivière et patineurs.

(*Même provenance*). P. H. 0,24, L. 0,34.

104. — Combat à l'entrée d'un village.

(*Même provenance*). P. H. 0,19, L. 0,24.

105. — Paysage avec figures.

(*Même provenance*). P. H. 0,23. L. 0,35.

106. — Paysage avec figures.

(*Même provenance*). P. H. 0,18, L. 0,21.

107. — Paysage.

(*Même provenance*). C. H. 0,15. L. 0,22.

108. — Troupeau dans un paysage.

(*Même provenance*). P. H. 0,34, L. 0,30.

109. — Chèvre et mouton dans un paysage.

(*Même provenance*). P. H. 0,23. L. 0,21.

ECOLE HOLLANDAISE.

110. — Portrait d'un cardinal (*attribution* : MIEREVELT).

Il est debout, sa main droite tient la barrette et sa main gauche repose sur l'angle d'une table.

Ce tableau faisait partie de l'ancienne galerie Sallier à Aix.

(*Don de M. de Cabre*). T. H. 1,45, L. 1,06.

111. — Basse-cour avec figures (*attribution* VAN DER HEYDEN).

(*Legs Frégier*) T. H. 0,53, L. 0,95.

112. — Figures et animaux : fond de paysage.

(*Même provenance*). T. H. 0,37, L. 0,47.

113. – Cour d'une ferme avec figure et animaux.

(*Même provenance*). P. H, 0,64, L. 0,59.

114. — Le Marchand de spécifique (*attribution* : A. VAN OSTADE).

(*Même provenance*). P. H. 0,25. L. 0,20.

115. Marine avec barques.

(*Même provenance*). P. H. 0,27. L. 0,38.

ECOLE FRANÇAISE.

116. — Trois gentilshommes en compagnie de leurs dames font de la musique, assis autour d'une table où sont servis quelques aliments ; on voit derrière eux : un fou qui tient un roquet, un nègre qui remplit une coupe et une servante qui apporte des fruits sur une assiette (ECOLE DE FONTAINEBLEAU).

(*Don de M. J.-J.-A. Philippe, marquis d'Arbaud-Jouques*). P. H. 0,98, L. 1,35.

117. Portrait d'homme peint en miniature.

(*Cabinet Saint-Vincens*). C.

118. Portrait de jeune homme analogue au précédent.

Costume du XVIe siècle. C.

(*Même provenance*).

118 *bis*. — Portrait de femme âgée, faisant pendant au précédent.

(Même provenance). C.

119. — Portrait d'un jeune enfant.

Costume du XVIe siècle.

(*Même provenance*) P. H. 0,34. L. 0,26.

119 *bis*. — Autre portrait d'enfant, faisant pendant au précédent.

(*Même provenance*). P. Mêmes dimensions.

120. — Vue cavalière de la ville d'Aix assiégée par le duc d'Epernon, dans les années 1593 et 1594.

La ville d'Aix, acquise depuis de nombreuses années au parti de la Ligue, frappée d'un édit de Henri III qui la déclarait coupable du crime de lèze-majesté en même temps que les villes de Paris, Amiens, Orléans et Abbeville, siége enfin d'un parlement composé en partie de ligueurs et qui avait compliqué l'état des choses en appelant le duc de Savoie pour le nommer comte et seigneur du pays, vit, le 25 juin de l'année 1593, Jean-Louis de Nogaret duc d'Epernon, récemment nommé gouverneur de Provence par Henri IV, venir, à la tête de quinze mille hommes, asseoir son camp devant ses murs, après avoir, pendant le mois de mai précédent, exercé dans le territoire des ravages dont le souvenir s'est conservé dans ce dicton provençal « *a fach tan de maou que Parnoun* » employé longtemps par les gens de la campagne à la suite de quelque fléau.

Le duc choisit pour l'établissement de son quartier-général les hauteurs voisines de la chapelle de Saint-Eutrope, qui dominent la ville au Nord et sur lesquelles il fit élever un fort garni d'artillerie, pendant que le comte de Carcès, grand-sénéchal de Provence, qui commandait dans Aix au nom du duc de Mayenne son beau-père, préparait la ville à soutenir le siége qui ne devait être levé qu'au bout d'une année environ, à la nouvelle de l'abjuration du roi de France.

Nostradamus, Bouche, Pitton, Gaufridi, Papon, etc. nous ont laissé sur cet événement des détails que complète d'une façon intéressante la peinture qui nous occupe. Œuvre d'un artiste contemporain du siége, elle représente fidèlement l'état de la ville d'Aix à la fin du XVIe siècle.

Ce tableau était possédé au XVIIIe siècle par M. Ph. Brochier, qui le céda à Saint-Vincens. Parvenu jusqu'à nous dans un état de conservation incomplète, il a été rétabli en 1841 par M. Clérian, ancien conservateur du Musée. M. Roux-Alpheran en a augmenté l'intérêt en dressant la nomenclature ci-après des rues et autres lieux qui y sont figurés.

PORTES ET MURS D'ENCEINTE (*).

1. Porte Notre-Dame.
2. Tour de Flotte.
3. Tour de Girardi.
4. Tour de Vergis.
5. Tour de Trimondi.
6. Tour d'Arnulphy.
7. Porte Bellegarde.
8. Tour de Nigris.
9. Tour de Bezaudun.
10. Tour de Bruni.
11. Tour de Favolon.
12. Petit Boulevart.
13. Grand Boulevart.
14. Porte Saint-Jean.
15. Tour de Romani.
16. Tour de Mauri.
17. Tour de Lagarde.
18. Tour de Blanqui.
19. Tour de Plumassi.
20. Tour de Margalet.
21. Tour de Darbezi.
22. Tour d'Escoffier ou Saint-Jacques.
23. Porte des Augustins
24. Tour de Mayenqui.
25. Tour de Martin.
26. Tour de Gerente.
27. Tour de Saureli ou de l'Eperon.
28. Tour d'Audibert.
29. Porte des Cordeliers.
30. Tour de Boëte.
31. Tour de Duranti.
32. Tour de Bailloni.
33. Tour de Bonardi.
34. Tour de Rocca ou *Tourre-Luco*.
35. Tour de Bérardi.
36. Tour de Barano.
37. Tour de Muratoris.

ANCIENNE VILLE COMTATE.

38. Palais des cours souveraines, anciennement des comtes de Provence ou se trouvaient trois tours romaines dont une était un magnifique mausolée.
39. Hôtel des comtes de Tende, gouverneurs de Provence au XVIe siècle.
40. Petite rue Saint-Jean.
41. Petite rue des Carmes.
42. Eglise et Couvent des Grands-Carmes.
43. Hôtellerie de la Tête-Noire, où fut tué le grand-prieur de France, Henri d'Angoulême, gouverneur de Provence en 1586. (Voir son portrait aux *Dessins*).
44. Rue des Grands-Carmes.
45. Eglise paroissiale Sainte-Madeleine.
46. Place Sainte-Madeleine.
47. Rue des Salins, (aujourd'hui des Gantiers et partie de la Grande-Rue-Saint-Esprit)
48. Rue de la Couronne (aujourd'hui Papassaudi.
49. Rue du Grand-Puits.
50. Place de l'Annonerie vieille.
51. Rue de la Verrerie.
52. Rue de la Juiverie.
53. Les quatre coins de la Juiverie.
54. Tour de la Grande-Horloge.
55. Rue Droite (aujourd'hui des Orfèvres).

(*) Les numéros d'ordre correspondent aux chiffres de couleur rouge placés sur le tableau.

56. Hôtel-de-Ville.
57. Rue des Fabres (aujourd'hui partie de celle des Cordeliers).
58. Rue des Marseillais.
59. Rue Saint-Laurent.
60. Rue de Donalari.
61. Place aux Herbes.
62. Chapelle Saint-Sébastien.
63. Rue de la Sabaterie.
64. Rue des Chapeliers (aujourd'hui de la Glacière).
65. Rue de l'Official
66. Rue des Bagniers.
67. Rue des Boucheries.
68. Rue des Chaudronniers.
69. Rue des Potiers (aujourd'hui des Marchands).
70. Rue Neuve ou du Palemard, (aujourd'hui rue Granet).
71. Rue du Puits juif.
72. Rue Sainte-Croix.
73. Rue Matheron.
74. Rue des Templiers (aujourd'hui Sainte-Claire).
75. Monastère de Sainte-Claire.
76. Rue des Trois-Ormeaux.
77. Rue Rifle-Rafle.
78. Rue et chapelle Sainte-Catherine.
79. La *Boveno-Carriero*.
80. Rue du Messager.
81. Rue de la Trésorerie.
82. Rue de la Verguetterie.

BOURG SAINT-SAUVEUR.

83. Rue de la Grande-Horloge.
84. Rue droite Notre-Dame.
85. Rue Riquière.
86. Rue des Nobles.
87. Rue de Jouques.
88. Rue des Guerriers.
89. Ancienne porte du Puits-chaud.
90. Rue du Puits-chaud (aujourd'hui du Bon-Pasteur.
91. Rue de la Juiverie (aujourd'hui de Venel).
92. Rue de l'Ecole.
93. Rue des Bremondi.
94. Rue Plan-du-Four.
95. Eglise métropolitaine de Saint-Sauveur.
96. Rue (aujourd'hui place) de l'Archevêché.
97. Palais archiépiscopal, alors occupé par le fameux Gilbert Génébrard.
98. Rue *Esquicho - Mousquo* (aujourd'hui Adanson).
99. Rue Littera.
100. Rue du Revestin (aujourd'hui de la Porte-Peinte.
101. Rue des Eiguesiers.
102. Rue Saint-Antoine.
103. Rue de Serre ou *Esquicho-Coïde*.
104. Rue de la Croix-Jaune.
105. Rue des Gondraux.
106. Rue Louvière.
107. Rue du Griffon.
108. Rue des Ménudières.

QUARTIER DE BELLEGARDE ET DE LA PLATE-FORME.

109. Rue des Crotes (aujourd'hui du Séminaire).
110. Rue Loubet.
111. Rue Saint-Henri.
112. Rue du Puits-Neuf.
113. Rue Boulegon.
114. Rue Buscalle.
115. Rue du Mouton.
116. Rue des Trois-Ormeaux.
117. Rue des Epinaux.
118. Rue Bellegarde.
119. Monastère de Notre-Dame de Nazareth ou de Saint-Barthélemy.

120. Rue Montfuron (aujourd'hui de Suffren).
121. Place des Prêcheurs.
122. Eglise et couvent des Prêcheurs, Jacobins ou Dominicains.
123. Rue du Bourg (aujourd'hui Bourg-d'Arpille).
124. Rue du Collége.
125. Jardins de Lacépède (anciennement du Roi Robert).
126. Rue du Grand-Boulevart ou de la Plate-Forme.
127. Rue des Jardins.
128. Rue de Lacépède.
129. Rue de la Mule (aujourd'hui Mule-Noire
130. Rue Ganay.
131. Grande-Rue-St-Jean (aujourd'hui du Pont-Moreau.

QUARTIER DES AUGUSTINS.

132. Rue de Nazareth.
133. Hôtellerie Saint-Jacques.
134. Rue Courteissade.
134 bis. Impasse Margalet.
135. Rue de la Masse.
136. Eglise et couvent des Augustins.
137. Hôpital du Saint-Esprit (aujourd'hui église paroissiale de Saint-Jérôme.
138. Rue des Tanneurs.
139. Rue Beauvezeth.
140. Chapelle Notre-Dame-de-Beauvezeth.
141. Rue Marante.

QUARTIER DES CORDELIERS.

142. Place de l'Annonciade.
143. Eglise et couvent de l'Annonciade ou des Servites, anciennement hôpital St-Antoine.
144. Place Saint-Antoine.
145. Rue du Pont.
146. Rue Saint-Christophe.
147 Rue des Magnans.
148. Rue de l'Aumône-Vieille.
149. Rue Sainte-Beaume.
150. Rue des Pénitents-Noirs ou des Patis.
151. Chapelle des Pénitents-Noirs.
152. Eglise et couvent des Cordeliers.
153. Rue des Cordeliers.
154. Hôtel de la Monnaie.
155. Rue des Vivants.
156. Rue des Cardeurs.
157. Place des Fontètes.
158. Rue des Muletiers.
159. Rue de *Nouestré-Seigné.*
160. Rue des Trabauds (aujourd'hui du Bon-Pasteur).
161. Rue du Cancel.
162. Rue Baussenque (aujourd'hui Saint-Sébastien.
163. Rue des Etuves.
164. Eglise et couvent des Observantins.
165. Chapelle des Pénitents-Blancs.

ENVIRONS DE LA VILLE.

166. Hôpital Saint-Jacques.
167. Eglise de Notre-Dame-de-Consolation et couvent des Capucins.
168. Chemin de Puyricard dit la montée des Capucins.
169. Chemin allant de l'hôpital à Saint-Eutrope.
170. Chemin allant de l'hôpital à Bellegarde.
171. Chemin de Pertuis et de la haute Provence, dit la montée de Saint-Eutrope.
172. Chemin allant de Belle-

garde aux Pinchinats.
173. Chemin des Pinchinats.
174. Aqueduc des premières eaux.
175. Ruisseau ou torrent de la *Touesse*.
176. Chemin de Saint-Marc et de Vauvenargues.
177. Retranchement des habitants d'Aix dans les prés dits de Monier.
178. Pont de Béraud.
179. Autre retranchement des habitants d'Aix au-delà du pont de Béraud.
180. Chemin public (ci-devant la *Chicane* du jeu de Mail).
181. Chemin de la *Touesse* et du Tholonet.
182. Partie du même chemin (aujourd'hui rue du Louvre
183. Chemin public (aujourd'hui rue du Roi).
184. Chapelle de Notre-Dame d'Embrun.
185. Jardin où se trouvait un pin aux branches duquel les catholiques pendaient les huguenots en 1562.
186. Chemin de Saint-Maximin (aujourd'hui rue d'Italie et cours Sainte-Anne.
187. Eglise de Saint-Jean, commanderie et prieuré de l'ordre de Malte.
188. Jardins et prés de l'archevêché (aujourd'hui le quartier d'Orbitelle.
189. Chemin public (aujourd'hui rue du Bœuf).
190. Chemin de l'Arc-de-Mairan.
191. Boucherie ou abattoir public.
192. Chemin des boucheries à Saint-Lazare.
193. Chemin de Marseille.
194. Maladrerie Saint-Lazare.
195 Fort Saint-Roch, construit par les habitants d'Aix.
196. Côteau des Fourches ou Pré Bataillier.
197. Chemin de France.
198. Prairie de Bonfils (aujour. le quartier Villeverte.)
199. Fabrique de tuiles.
200. Chemin d'Avignon.
201. Croix de Legrin, où le P. Simon Guichard, minime, reçut le martyre en 1574, des mains des huguenots.
202. Chemin d'Eguilles et de Berre.
203. Eglise de Notre-Dame-de-la-Seds et couvent des Minimes.
204. Chemin public (aujourd'hui rue Vanloo.
205. Autre chemin (aujourd'hui rue Saint-Hippolyte.
206. Autre chemin (aujourd'hui rue des Bourras ou de Reauville.
207. Chapelle Sainte-Croix.
208. Chapelle Saint-Laurent.
209. Cimetière Saint-Laurent.
210. Chemin allant des Minimes à l'hôpital Saint-Jacques.
211. Tour d'Entremont.

FORTIFICATIONS DU DUC D'EPERNON ET LIEUX OCCUPÉS PAR SES TROUPES.

A. *B*. *C*. *D*. Redoutes avancées construites entre le fort Saint-Eutrope et l'hôpital Saint-Jacques.
E. Chapelle Saint-Eutrope.
F. Grand fort Saint-Eutrope.
G. Donjon ou quartier particulier du duc d'Epernon.

H. Petit fort près le pont de Béraud sur la rive droite du torrent de la *Touesse*. | *I*. Plaine du pont de Cornille. *K*. Montée de Maruèjes.

(*Cabinet Saint-Vincens*). T. H. 1,37, L. 1,69.

121. — La déesse de la fécondité (*attribution* : POUSSIN).

Une foule de petits amours prennent leurs ébats au pied de la statue de la déesse. On remarque parmi eux un lapin, emblème de la divinité qui préside à leurs jeux.

(*Don de M. Rémi Gérard de Gardanne* 1837).
T. H. 0,90, L. 0,76.

122. — La fille de Jephté vient à la rencontre de son père victorieux.

T. H. 1,03. L. 1,07.

123. — Portrait de Raymond d'Espagnet, né en 1528, conseiller au Parlement de Provence.

(*Don de M. d'Espagnet de Calissanne* 1846).
T. H. 1,16, L. 0,81.

124. — Portrait du pape Paul III (1534).

(*Même provenance*) T. H. 0,56, L. 0,42.

125. — Portrait de Louis XIV en costume militaire.

(*Cabinet Saint-Vincens*) T. H. 1,30, L. 0,93.

126. — Portrait de F. Adhemar de Monteil, de Castelanne, d'Ornano, comte de Grignan, lieutenant du roi en Provence, en 1660.

(*Legs de M. le marquis A. de Perier* 1855).
T. H. 1,04, L. 0,76.

127. — Portrait posthume de Robert, comte de Provence, mort à Naples en 1347.

(*Cabinet Saint-Vincens*). T. H. 0,63, L. 0,64

128 — Portrait posthume de la reine Sanche, femme de Robert.

(*Même provenance*). T. Mêmes dimensions.

129. — Portrait posthume de la *royne de Sicile* (la reine Jeanne).

(*Même provenance*). T. H. 0,84, L. 0,61.

130. — Portrait de Louis XVI, roi de France.

T. H. 0,97, L. 0,73.

131. — Portrait peint au pastel de Jean-Pierre-François Ripert de Monclar, procureur général du Parlement de Provence, né à Aix en 1711, mort en 1773.

(*Don de M. F. de Philip* 1848). *T.* H. 0,58, L. 0,50.

132. — Portrait de femme (pastel).

(*Legs Frégier*). *T.* H. 0,30, L. 0,23.

133. — Fête galante.

(*Même provenance*). *P.* H. 0,50, 0,39.

134. — Arlequin et Colombine devant l'autel de l'amour.

(*Même provenance*). *P* H. 0,15, L. 0,18.

---

135. — Peinture chinoise à la détrempe sur papier de riz, représentant un personnage de distinction de grandeur naturelle.

Rapporté de la Chine par le contre-amiral de Suffren.

(*Don de M. le docteur Arnaud*). H. 1,57, L. 0,83.

COPIES.

---

136. — Portrait du poète italien Pétrarque, né à Arezzo en 1304.

(Cabinet Saint-Vincens). T. H. 0,64, L. 0,47.

136 *bis*. — Portrait de Laure, née à Avignon en **1314.**

Pendant du tableau précédent. (Anciennes peintures),

(Même provenance). T. Mêmes dimensions

137. — Portrait de Louis Thomassin, prêtre de l'oratoire, né à Aix en 1619, mort en 1695.

Peint par Mme la marquise, douairière de Valory, d'après une ancienne peinture.

(Don de l'auteur). T. H. 0,51, L. 0,53.

138. — Portrait de François-Michel Dandré-Bardon, né à Aix en 1700, mort en 1783

Il fut reçu de l'ancienne académie de peinture et cultiva en même temps la peinture, la poésie et la musique (voir à la p. 6).

Peint par Mlle Eméric-David d'après le tableau de Roslin, gravé par Moitte. (Palais des Beaux-Arts à Paris).

(*Offert par M. Eméric-David*, 1832). T. H. 0,80, L. 0,63

139. — Le sommeil de l'Enfant Jésus. Par Salomon d'après un maître italien.

(Don de M. le marquis de Gueidan).

Forme à pans coupés. T. H. 0,44, L. 0,54.

140. — Enée et Anchise.

Enée fuit Troie, accompagné du jeune Ascagne. Il a mis sur ses épaules son père Anchise qui reçoit les dieux pénates sauvés de l'incendie de la ville, qui lui sont présentés par Créüse, épouse du pieux Enée.

Ecole française du XVIIIe siècle, d'après le Dominiquin (Musée du Louvre).

(*Don de M. le docteur Arnaud* 1846). T. H. 1,57, L. 1,28.

141. — La mort de saint Bruno.

Saint Bruno, fondateur des Chartreux, sentant venir ses derniers moments, assembla ses religieux dans sa cellule, fit devant eux une confession de sa vie et mourut en joignant les mains, le 6 octobre de l'année 1101.

Ecole française du XVIIIe siècle ; d'après Eustache Lesueur (galerie de saint Bruno, musée du Louvre)

(Legs de M. l'abbé Pouillard 1823). T. H, 1,84, L. 1,22.

142. — Portrait du pape Pie VII.

Peint par Maguet d'après L. David (Musée du Louvre).

(Don de l'auteur). T. H. 0,90, L. 0,72.

143. — Bambochade.

D'après Brauwer, par J. Sallier.

(Don de l'auteur). T. H. 0,32, L. 0,43

143 *bis*. — Sujet analogue, pendant du précédent.

Du même auteur.

(Même provenance). T. Mêmes dimensions.

DESSINS.

OEUVRE-CONSTANTIN (*).

144. — Sous ce numéro est comprise une réunion de dessins (paysages et figures), composée de plus de mille pièces, exécutés par Jean-Antoine Constantin.

Nous avons dit plus haut (**) que cet artiste naquit à Marseille; hâtons-nous d'ajouter qu'Aix fut son pays d'adoption et qu'il y fut le premier maître de toute une génération d'artistes, à partir de Granet. Ses tableaux et surtout ses dessins, sont trop répandus dans nos contrées pour qu'il soit besoin d'en parler longuement; aussi la portion de son œuvre possédée par le Musée, nous servira-t-elle seulement ici à constater sa prodigieuse fécondité puisqu'elle ne représente, malgré son importance numérique, que le tiers environ des dessins recueillis dans ses cartons après sa mort.

Les environs de Rome, d'Aix, de Marseille, de Digne et quelques contrées du département du Var ont fourni à Constantin les principaux motifs de ses paysages; ses compositions de genre sont ordinairement prises parmi les habitants des campagnes, et de nombreuses figures inspirées de Salvator Rosa révèlent chez lui un goût particulier pour ce maître. Ses dessins sont presque tous sur papier blanc; il y a employé, soit isolément soit en les combinant, la plume, le lavis à l'encre de Chine et au bistre, la sanguine et les deux crayons.

Constantin signait très rarement ses œuvres.

(*Acquis par la ville*).

BOZZA, (Ecole italienne moderne).

145. —
145bis. — } Portraits au crayon.

Ils représentent le père et la mère de M. A. Honoré Frégier dont le Musée a été légataire.

(*Legs Frégier*)

(*) L'œuvre-Constantin figure dans le Musée par séries successivement exposées dans des cadres spéciaux.

(**) V. page 5.

LUSSE (DE) (Ecole Française).

146. — Portrait aux trois crayons du paysagiste Constantin, 1789 (V. ci-dessus pages 5 et 34).

(Don de Mesdames Ginésy et Ametller, nées Constantin).

PEYRON (JEAN-FRANÇOIS-PIERRE), *né à Aix en 1744, mort à Paris en 1813; élève de Lagrenée, membre de l'ancienne académie de peinture, ancien directeur de la manufacture des Gobelins* (Ecole Française).

147. — Pour fournir le cruel tribut imposé par Minos aux Athéniens, à l'issue de la guerre qu'il leur faisait pour venger la mort de son fils Androgée, les filles d'Athènes tirent au sort pour désigner les sept d'entre elles qui seront livrées au Minotaure.

Etude pour une grande composition de l'auteur, gravée par Beisson.

Sur papier gris lavé à l'encre de Chine et rehaussé de blanc.

(Legs de M. de Meyran, marquis de Lagoy 1860).

REVOIL (PIERRE), *né à Lyon en 1776; élève de David; ancien directeur de l'Ecole des Beaux-Arts de cette ville.*

148. — Le rachat des captifs, chez les Musulmans, par les religieux trinitaires.

Aquarelle, variante d'un tableau du même auteur.

(Même provenance)

INCONNUS.

149. — Portrait colorié à la gouache de Marie de Bretagne, dite de Blois, femme de Louis Ier d'Anjou, comte de Provence, tenant son fils Louis II qui avait succédé à son père en 1400, à l'âge de huit ans, et dont elle avait la tutelle.

(*Cabinet Saint-Vincens*).

150. — Calques à la plume des portraits de Réné d'Anjou, comte de Provence, et de Jeanne de Laval sa seconde femme, pris sur les volets du triptique conservé dans l'église métropolitaine d'Aix.

(Même provenance).

151. — Portrait colorié à la gouache du *bon roi Réné* , peint en 1478, à l'âge de soixante et dix ans.

(Même provenance).

152. — Portrait colorié à la gouache de Charles d'Anjou, duc du Maine, dernier comte de Provence, qui fit par testament cession de cette province au roi de France.

D'après une peinture conservée à l'Hôtel-de-ville de Marseille.
(Même provenance).

153. — Portrait colorié à la gouache de Honoré de Savoie, des comtes de Tende, comte de Sommariva ; gouverneur de Provence en 1563.

(Même provenance).

154. — Portrait colorié à la gouache de Henri d'Angoulème, fils naturel de Henri II, grand prieur de France, amiral des mers du Levant et gouverneur de Provence en 1579.

(Même provenance).

155. — Portrait colorié à la gouache de Charles de Lorraine, duc de Guise, gouverneur de Provence en 1595.

(Même provenance)

156. Portrait colorié à la gouache de Louis de Valois, comte d'Alais, gouverneur de Provence en 1638.

(Même provenance).

157. — Portrait dessiné à la plume et lavé à l'encre de Chine de Pierre de Libertat, protecteur de Marseille (1597).

(Même provenance).

158. — Portrait dessiné à la plume et lavé à l'encre de Chine de Charles Cazaux, protecteur de Marseille en 1596.

(Même provenance)

159. — ⎫ Dessins à la plume lavés au bistre, figu-
159*bis*. — ⎬ rant par la reproduction de monuments,
159*ter*. — ⎭ d'images de princes et de peronnages célèbres, une sorte de tableau synoptique du deuxième siècle de l'ère chrétienne.

(*Même provenance*).

160. — Reproduction à l'aquarelle du triptique conservé dans l'église métropolitaine d'Aix, dont la partie centrale est due pinceau au Jean de Bruges (Jean-Van-Eyck) (*)

Le sujet principal de cette peinture est une interprétation mystique du miracle du *buisson ardent* appliquée à la Sainte-Vierge. Les volets dont elle a été garnie postérieurement offrent à droite, l'image du roi René en prière assisté de sainte Madeleine, de saint Antoine et de saint Maurice, et à gauche celle de Jeanne de Laval, seconde femme de ce prince, entourée de saint Nicolas, de sainte Catherine et de saint Jean évangéliste.

(*Même provenance*).

161. — Portrait colorié à l'aquarelle de l'empereur Napoléon Ier, fait à Sainte-Hélène en 1819.

(*Legs de M. le marquis A. de Perier* 1855).

(*) Cette attribution était encore douteuse, quand le savant conservateur du Musée de Berlin, M. Waagen, venu à Aix en 1855, a mis fin à toute controverse, en déclarant que le tableau du *Buisson ardent* était incontestablement l'œuvre de Jean-Van-Eyck.

CALCOGRAPHIE.

Toutes les pièces dont la provenance n'est pas spécialement indiquée dans cet article dépendent de la succession de feu M. H. Frégier, dont le legs, nous l'avons déjà dit, fait depuis peu de temps le fond principal du cabinet de gravures du Musée d'Aix.

Il nous reste le regret de ne pouvoir cataloguer ici des estampes à l'acquisition desquelles est destinée une somme prévue par le testateur ; notre peine de demeurer incomplet est d'autant plus fondée que M. le docteur Pons, désigné par ce dernier pour augmenter cette collection, nous fait espérer qu'il pourra se procurer des pièces du meilleur choix.

ANDERLONI (PIERRE), *né à Brescia en* 1785, *professeur à l'académie des Beaux-Arts de Milan.*

162. — Héliodore chassé du temple.

D'après la fresque de Raphaël au Vatican

Epreuve en lettres grises et avant la dédicace.

162*bis*. — Attila, en présence du pape Saint-Léon, est saisi d'effroi à l'apparition de saint Pierre et de saint Paul.

D'après la fresque de Raphaël au Vatican.

Même état.

ANDREANI (ANDRÉ), *graveur en bois et en camaïeu, florissait à la fin du* XVIe *siècle et au commencement du* XVIIe.

163. Le triomphe de Jésus-Christ.

D'après Le Titien (*). Pièce extrêmement rare ; deuxième état inconnu à Bartsch, avec une dédicace à Guido Reni.

(*Don de M. le chevalier A. de Parade*).

AUDRAN (GÉRARD), *né à Lyon en* 1640, *mort à Paris en* 1703.

164. — *Diverses figures hiéroglyphiques peintes par Raphaël d'Urbin, dans une des salles du Vatican à Rome.*

Onze pièces faisant partie d'une suite de treize (**).
Elles ont été gravées seulement sous la direction d'Audran.
(*Cabinet Saint-Vincens*)

BALECHOU (JEAN-JOSEPH), *né à Arles en* 1709 (***), *mort à Avignon en* 1764; *élève de Michel, graveur de cachets, membre de l'ancienne académie de peinture.*

165. — Portrait de Frédérick-Auguste III, roi de Pologne, électeur de Saxe.

D'après Rigaud ; morceau de réception.

(*Cabinet Saint-Vincens*)

Très-belle épreuve du second état.

BERVIC (CHARLES-CLÉMENT), *né à Paris en* 1756, *mort en* 1822 ; *élève de J.-G. Wille, membre de l'ancienne académie de peinture et plus tard de l'Institut.*

166. — Laocoon, fils de Priam et prêtre d'Apollon, et ses deux enfants sont enveloppés par deux serpents.

(*) V. Bartsch, t. XII, p. 91, nº 9.

(**) V. *Manuel de l'amateur d'estampes*, par Ch. Le Blanc, nºs 295-307, de l'œuvre de Gérard-Audran.

(***) V. la 4e livraison (juillet 1861) des *Archives de l'Art français*, 2me série.

D'après le groupe antique attribué à Agésandre, Polydore et Athénodore, trouvé en 1506 dans les ruines du palais de Titus sur le mont Esquilin à Rome.

Superbe épreuve du second état, on ne lit dans la marge que le nom du maître gravé à la pointe.

CALAMATTA (LUIGI), *né à Civita-Vecchia (Etats-Romains) ; élève de Marchetti et de Giacomo.*

167. — Le Dante et Virgile rencontrent, aux enfers, l'ombre de Francesca de Rimini et de Paolo.

LE DANTE, *l'Enfer*, chant V.

D'après le tableau d'Ary Scheffer, appartenant à la famille d'Orléans.

Epreuve avant la lettre.

CLAESSENS (L.-A.), *né à Anvers en* **1764**, *mort à Ruel en* **1834** ; *élève de F. Bartolozzi.*

168. — La descente de croix.

D'après le tableau de Rubens, de la cathédrale d'Anvers.

Très-belle épreuve.

DESNOYERS (AUGUSTE-BOUCHER, *baron*), *né à Paris en* **1779** ; *élève de Tardieu, membre de l'Institut.*

169. — La Vierge à la chaise.

D'après le tableau de Raphaël, de la galerie de Florence.

Epreuve avec la lettre grise.

170. — La Vierge au poisson

Dessiné en 1815 et gravé en 1822 d'après le tableau de Raphaël, peint en 1513 pour l'église *San-Domenico-Maggiore* de Naples, et acquis depuis par Philippe IV, roi d'Espagne,

Epreuve avec la lettre grise.

171. — Eliézer et Rebecca.

D'après Le Poussin, Musée du Louvre.

Epreuve avec la lettre grise.

172. Sainte Marguerite.

D'après le tableau de Raphaël du Musée du Louvre.

Epreuve avec la lettre grise.

DREVET (PIERRE-IMBERT), *né à Paris en* 1697 *mort en* 1739; *élève de son père, Pierre Drevet.*

173. — Jacques-Bénigne Bossuet, évêque de Meaux, représenté en pied et debout dans son cabinet.

D'après le tableau de Rigaud, du Musée du Louvre.

(*Cabinet Saint Vincens*).

Epreuve avant les points.

FORSTER (FRANÇOIS), *né à Locle (principauté de Neufchâtel) en* 1790; *élève de Langlois, membre de l'Institut.*

174. — Les trois Grâces (1841).

D'après le tableau peint par Raphaël en 1508, possédé par lord Dudley.

Epreuve d'artiste, portant le n° 7

175. — La maîtresse du Titien.

D'après le Titien (Musée du Louvre).

Très-belle épreuve.

HENRIQUEL-DUPONT (LOUIS-PIERRE), *né à Paris en* 1797; *élève de Guérin et de Bervic, membre de l'Institut.*

176. — L'abdication de Gustave Wasa, roi de Suède.

D'après le tableau de Hersent, de la galerie d'Orléans (*).

Epreuve avant toutes lettres.

JESI (SAMUEL), *né au commencement du* XIXe *siècle; élève de J. Longhi; travaillant à Milan.*

177. — Léon X, pape, avec les cardinaux de Médici et de' Rossi.

D'après Raphaël.

Epreuve d'artiste avant toutes lettres.

(*) Cette estampe est devenue plus précieuse depuis que le tableau d'après lequel elle était gravée, et qui ornait le château de Neuilly, a été détruit en 1848.

LAUGIER (JEAN-NICOLAS), *né à Toulon en* 1785.

178. — Zéphir se balançant au dessus de l'eau (1820).

D'après le tableau de Prud'hon, qui faisait partie de la collection du comte de Sommariva.

Epreuve avant toutes lettres.

LEROUX (JEAN-MARIE), *né à Paris en* 1788; *élève de David.*

179. — La Vierge du Musée de Parme.

D'après Le Corrége.

Epreuve avec la lettre grise.

LORICHON (CONSTANT-LOUIS), *né à Paris en* 1800; *élève de Forster.*

180 La Vierge et l'enfant Jésus.

D'après le tableau de Raphaël, de l'ancienne galerie d'Orléans, actuellement en la possession de lord Egerton, dit *la Vierge de Brigde Water.*

Epreuve avant la lettre.

181 — Le Mariage mystique de sainte Catherine.

D'après le Corrgée (Musée du Louvre.

Epreuve avant la lettre.

MORGHEN (RAPHAEL), *né à Naples vers* 1760, *mort à Florence en* 1733; *élève de Gio Volpato.*

182. — La Cène (Ch. Le Blanc. n° 19).

D'après la fresque de Léonard de Vinci, au réfectoire des Dominicains à Milan.

Très-belle épreuve du quatrième état avant la VIRGULE (*).

(*) Une autre remarque de cette pièce est la présence des mots : *Quia vidisti, Thoma, credidisti*, écrits sur la bande qui borde, autour du cou, la tunique de saint Thomas.

183 — Le char de l'Aurore (C. L. B. n° 57).

D'après la fresque peinte par Le Guide dans le plafond du salon de l'Aurore, au palais Rospigliosi à Rome.

Belle épreuve du troisième état avant la retouche.

184. — La Charité (C. L. B. n° 104)

D'après le Corrége.

Très-belle épreuve du second état avant la lettre

OTTAVIANI (GIOVANNI), *né à Rome vers* 1735, *mort vers* 1808.

185. — Les arabesques du Vatican.

D'après Raphaël ; suite de 29 pièces, avec une vue de la galerie des Loges, gravée par Gio. Volpato.

(*Cabinet Saint-Vincens*).

PORPORATI (CARLO), *né à Turin en* 1740, *mort dans la même ville en* 1816; *élève de Chevillet et de Beauvarlet, membre de l'ancienne académie de peinture.*

186. — Le bain de Léda

D'après le Corrége.

Epreuve avant la lettre

PRADIER (CHARLES-SIMON), *né à Genève; élève de Desnoyers.*

187. — Raphaël et la Fornarina.

D'après le tableau d'Ingres qui fait partie de la galerie de M. Pourtalès.

Epreuve avant la lettre.

RICHOMME (JOSEPH-THÉODORE), *né à Paris en* 1785 ; *élève de Regnault et de Coiny, membre de l'Institut.*

188. — La Sainte-Famille.

D'après le tableau de Raphaël du Musée du Louvre.

Epreuve avant la lettre.

ROSASPINA (FRANÇOIS), *né à Bologne, commença à graver en* 1787.

189 — La danse des Amours pour l'enlèvement de Proserpine.

D'après l'Albane.

ROSSETTI (DOMINIQUE), *né à Venise; éleve du chevalier Pierre Liberi; travaillait au milieu du* XVIIe *siècle.*

190. — Le pugilat de Venise.

D'après Pierre Liberi.

(*Don de M. le docteur Arnaud*).

INCONNU.

191. — La procession de la Ligue, pièce sans nom de graveur et portant une enluminure du temps.

Voici ce qu'il est dit de cette estampe au nº 152 du catalogue des estampes de M. Leroux de Lincy, (Paris 1855).

« Estampe originale des plus rares, c'est la plus belle et la « plus grande de toutes les processions de la Ligue. »

(*Cabinet Saint-Vincens*).

SCULPTURE.

ŒUVRES D'AUTEURS MODERNES.

BRIDAN (CHARLES-ANTOINE), *né à Ruvière en Bourgogne, en* 1730, *mort en* 1805 *; membre de l'ancienne académie de peinture et de sculpture.*

192. — Figure de Génie exécutée pour un mausolée élevé dans la chapelle des Minimes à Aix, par Frédéric II, roi de Prusse, à son ami le marquis d'Argens (Boyer-Jean-Baptiste, né à Aix en 1704, auteur de plusieurs ouvrages de philosophie et de critique).

Cette statue dut subir quelques modifications, dont elle porte les traces, pour servir à un monument érigé à la République le 23 nivôse, an VII, par la commission municipale d'Aix.

(Marbre)

CHARDIGNY (BARTHÉLEMY-FRANÇOIS), *né à Rouen en* 1757, *mort à Paris en* 1813; *élève de Pajou.*

193. — Statue de Henri IV, roi de France.

Il est représenté en costume militaire : son casque et des drapeaux sont déposés à ses pieds.

(Plâtre).

194. — Statue de Réné d'Anjou, comte de Provence, roi de Sicile et de Jérusalem.

Il s'appuie sur son sceptre, la couronne est à son côté.
(Plâtre).

Cette figure ainsi que la précédente, avaient été exécutées pour la décoration du Palais-de-justice d'Aix.

195. — Buste de Réné d'Anjou, groupé avec divers attributs.

Variante de la statue ci-dessus. *(Plâtre)*.

196. — Figure assise de la Justice.
(Cire peinte)

197. — Le Clergé et la Noblesse vaincus au pied du Tiers-Etat, qui s'est réfugié sous la protection de la Loi (maquette).
(Terre)

198. — Groupe.
(Terre)

199. — Buste d'un personnage portant la coiffure et le costume de la fin du XVIIIe siècle.
(Terre).

CHARDIGNY (PIERRE-JOSEPH), *né à Aix en* **1794** ; *élève de Bosio.*

200. — Portrait en médaillon de Jacques Réattu, peintre d'histoire, né à Arles en 1760, mort en 1833.

(Don de Mme Grange, née Réattu). *(Plâtre)*.

CHASTEL (JEAN-PANCRACE), *né à Avignon en* **1726**, *mort à Aix en* **1793.**

201. — Tombeau de membres de la famille de Gueidan.

La maquette qui y est jointe indique comment étaient disposées à Forcalquier, d'où il a été rapporté, les diverses pièces qui composent ce monument.

La figure tombale paraît être un ouvrage du XVIe siècle que Chastel employa à la décoration du mausolée sur lequel deux bas-reliefs de sa main rappèlent deux faits d'arme de la septième croisade : le combat auprès du Nil et la prise de Damiette, auxquels avait pris part un personnage inhumé dans le tombeau comme nous l'apprend l'inscription suivante :

« *In hoc splendido mausoleo quiescit altissimus et potentissimus princeps Guillelmus* II, *baro de Gueidan, oriundus a Guillelmo domino de Petrârrā de Sto Stephano, et de Gueidan, tertio filio serenissimi principis Bertrandi* I, *comitis Forcalquery, et Alixiæ comitissæ de Diā conjugum anno* 1024. *Post multa bella in Palestinam contra infideles præclare ac mirabiliter gesta, reversus apud avos suos comites Forcalquery, votum implendo, hanc basilicam cum monasterio anno* 1215, *et tempore Sti Francisci de Assisia, magnifice ædificavit, fundavit, dotavit. Guillelmus* III *filius ejus oriflammam e manu divi Ludovici Francorum regis susceptam, generosissime tulit ante illum in obsidione Damietæ, in pugna prope Nilum, et in aliis fortissimis bellis a tam magno principe in suo primo ultra mare itinere peractis, hunc sibi portum elegit, et sub hoc superbo marmore quod perillustri et amantissimo patri suo exexerat, cum illo et suis dormire voluit.* »

(*Marbre*).

(*Dons de M. le marquis de Gueidan*, 1839, *et de Mme la marquise de Gueidan* 1861).

202. — Aigle.

Moulage fait en 1839 sur l'aigle dont est surmontée la fontaine qui orne la place des Prêcheurs à Aix.

(*Plâtre*).

203. — Levrier.

Moulage d'un marbre éxécuté d'après nature, à Tourves, pour le comte de Valbelle. (*Plâtre*).

DURET (FRANCISQUE-JOSEPH), *né à Paris ; élève de Bosio, membre de l'Institut.*

204. — Jeune pêcheur dansant la tarentelle.

Souvenir de Naples (salon de 1833).

(*Don du Gouvernement*, 1834). (*Bronze*).

FABISCH (JOSEPH), *né à Aix; professeur de sculpture à l'Ecole des Beaux-Arts de Lyon.*

205. — La fille de Jephté (salon de 1857).

« 29. — Après cela donc l'esprit du Seigneur se saisit de Jephté ; de sorte qu'allant par tout le pays de Galaad et de Manassé, il passa de Maspha de Galaad jusqu'aux enfants d'Ammon,

« 30. — et fit ce vœu au Seigneur : Seigneur, si vous livrez
« entre mes mains les enfants d'Ammon,
« 31. — je vous offrirai en holocauste le premier qui sortira
« de la porte de ma maison, et qui viendra au-devant de moi,
« lorsque je retournerai victorieux du pays des enfants d'Am-
« mon.
« 32. — Jephté passa ensuite dans les terres des enfants
« d'Ammon pour les combattre, et le Seigneur les livra entre
« ses mains.....
« 34. — Mais lorsque Jephté revenait de Maspha dans sa
« maison, sa fille qui était unique, parce qu'il n'avait point eu
« d'autres enfants qu'elle, vint au-devant de lui en dansant au
« son des tambours. »

(*Livre des Juges*, chap. XI).

(*Don de l'Empereur*, 1859). (*Marbre*).

FERRAT (CHARLES), *né à Aix; élève de Duret.*

206. — Cyparisse (1859).

Il vient de tuer par mégarde l'animal qu'il chérissait, et exprime son désespoir qui lui attira la métamorphose que lui fit subir Apollon en le changeant en cyprès.

(*Don de l'auteur*). (*Plâtre*).

FERRAT (HIPPOLYTE), *né à Aix; élève de Pradier*

207. — Phalante reçoit des mains de Télémaque l'urne renfermant les cendres d'Hippias (concours des Loges de l'Ecole des Beaux-Arts, 1847).

« Télémaque lui-même arrosa de liqueurs parfumées les cen-
« dres encore fumantes ; puis il les mit dans une urne d'or
« qu'il couronna de fleurs, et il porta cette urne à Phalante. Ce-
« lui-ci était étendu, percé de diverses blessures, et dans son
« extrême faiblesse, il entrevoyait de près les portes sombres
« des Enfers.
« Déjà Traumaphile et Nosophuge, envoyés par le fils d'Ulysse,
« lui avaient donné tous les secours de leur art.....
« Bientôt Phalante, revenant de cette défaillance, prit l'urne
« des mains de Télémaque, la baisa plusieurs fois, l'arrosa de
« ses larmes, et dit : O chères, ô précieuses cendres! quand
« est-ce que les miennes seront renfermées avec vous dans

« cette même urne? O! ombre d'Hippias, je te suis dans les
« Enfers : Télémaque nous vengera tous deux. »

(FÉNELON. *Les aventures de Télémaque*, liv XVII).

(*Don de l'auteur*) (*Plâtre*).

208. — Bas-relief représentant la fondation d'Aix.

« C. Sextius Domitius Calvinus, proconsul, succéda à Fulvius « Flaccus. Il défit de nouveau les Saliens, contraignit leur chef « Teutomal à se réfugier chez les Allobroges, peuple d'entre « l'Isère et le Haut-Rhône, et fonda, l'an 123 avant notre ère, « une place de guerre à quinze milles nord de Marseille. Ce fut « là le premier établissement romain formé en deçà des Alpes, « qui, de ses eaux chaudes et du nom du fondateur, s'appela « *Aquæ Sextiæ*. »

(BOUCHON-GUIGUES. *Résumé de l'histoire de Provence*)

(*Même provenance*). (*Terre cuite*).

209. — Le berger Corydon se mirant dans l'eau.

(VIRGILE, églogue II).

(*Même provenance*) (*Plâtre*).

GIBELIN (V. page 9).

210. — Jephté revenant victorieux aperçoit sa fille accourant à sa rencontre.

« 35. — Jephté l'ayant vue, déchira ses vêtements. »

(*Les Juges*, chap. XI).

(*Acquis par la ville*). (*Terre*).

GIRAUD (JEAN-BAPTISTE), *né à Aix en 1752, mort dans les environs de Melun en 1830; membre de l'ancienne académie de peinture et de sculpture.*

211. — Achille expirant (morceau de réception).

Un trait lancé par Pâris vient de l'atteindre au talon, seule partie de son corps que sa mère n'eut pas rendue invulnérable en le plongeant dans l'eau du Styx.

(*Don de l'auteur*). (*Marbre*).

GRASS (PHILIPPE), *né à Wolxheim (Bas-Rhin); élève de Bosio.*

212. — Médaillon d'Antoine Honoré Frégier (V. l'article CALCOGRAPHIE).
(Legs Frégier). *(Bronze).*

GUIARD (L.....)

213. — Enée portant Anchise (1766).
(Enéide, liv. II).
(Don de M. le comte G. de Saporta). *(Plâtre).*

HOUDON (JEAN-ANTOINE), *né à Versailles en* 1741, *mort à Paris en* 1828; *élève de Lemoine et de Pigale, membre de l'ancienne académie de peinture et de sculpture.*

214. — Buste du vice-amiral Pierre-André de Suffren Saint-Tropez, né en 1726 au château de Saint-Cannat en Provence (1786).
(Plâtre).

OLIVE (ANTOINE), *né à Biot (Var) en* 1808 ; *élève de Monti, professeur de sculpture à l'Ecole spéciale de dessin d'Aix.*

215. — Buste de J.-A. Constantin (1845), (voir aux pages 5 et 34).
(Commandé par la ville) *(Plâtre).*

216. — Portrait en médaillon du président Alexandre-Jules-Antoine de Saint-Vincens, né à Aix en 1750, mort dans cette ville en 1819.
(Plâtre).

PETITOT (LOUIS), *né à Langres en* 1791 ; *élève de Cartelier, membre de l'Institut.*

217. — Buste de T.-B. Emérie-David, docteur en droit, membre de l'Institut (académie des inscriptions et belles-lettres) ancien maire d'Aix, ancien député ; né à Aix en 1755, mort à Paris en 1839 (1841).
(Legs de Mlle Emérie-David, 1860). *(Marbre).*

PRADIER (JAMES), *né à Genève en 1794; élève de Lemot, membre de l'Institut.*

218. — Buste de M. Victor Chavet, peintre à Paris (1831).

(*Don de M. Chavet*). (*Bronze*)

219. — Maquette d'une figure d'Homère.

(*Même provenance*). (*Plâtre*).

PUGET (V. page 16.)

220. — Milon de Crotone (réduction de la figure du musée du Louvre).

Un lion vient dévorer ce vigoureux athlète pendant que sa main est prise dans la fente d'un tronc d'arbre qu'il a voulu séparer en deux.

(*Don du Gouvernement* 1834). (*Bronze*).

RAMUS (JOSEPH-MARIUS), *né à Aix en 1805; élève de Cortot.*

221. — Thésée vainqueur du Minotaure (concours des loges de l'Ecole des Beaux-Arts, 1830, 2me grand prix).

Le héros, entouré des témoignages d'admiration de ses compagnons d'infortune, foule aux pieds le monstre dont il devait être la proie; la scène se passe dans l'intérieur du labyrinthe de Crète

(*Don de l'auteur*). (*Plâtre*).

222. — Daphnis et Chloé (1834).

« Daphnis assis sous le chêne à son ordinaire, jouait de la
» flûte et regardait ses chèvres couchées, qui semblaient pren-
» dre plaisir à si douce mélodie. Chloé, pareillement assise
» auprès de lui, voyait paître ses brebis; mais plus souvent
» elle avait les yeux sur Daphnis jouant de la flûte, et alors
» aussi elle le trouvait beau; et pensant que ce fût la musique
» qui le faisait paraître ainsi, elle prenait la flûte, après lui,
» pour voir d'être belle comme lui. »

(*Pastorales de Longus*, traduction de P.-L. Courier).

(*Même provenance*) (*Plâtre*).

223. — Orion meurt d'une piqûre de scorpion, qu'il vient de recevoir à la chasse (1826).

(*Même provenance*). (*Plâtre*).

224. — Buste de L.-N.-P.-A. comte de Forbin, (voir à la page 9).

(*Même provenance*) (*Plâtre*).

225. Buste de F.-M. Granet (1839)(voir ci-après article LEGS-GRANET).

(*Même provenance*). (*Plâtre*).

226. — Buste de L.-M. Clérian, (1830) (voir page 4).

(*Offert par la famille de M. Clérian*, 1853). (*Plâtre*).

TRUPHÈME (FRANÇOIS), *né à Aix ; élève de Bonnassieux.*

227. — Ensevelissement du Christ.

(*Saint Mathieu*, chap. XXVII).

(*Don de l'auteur*). (*Plâtre*).

VEYRIER (CRISTOPHE), *né à Trest en Provence en 1637, mort à Toulon en 1689 ; élève et neveu de Puget.*

228. — Assomption.

Moulage d'un marbre exécuté pour l'église de Saint-Martin de Paillières, d'après une composition de Puget (*).

(*Don de M. le marquis de Boisgelin*). (*Plâtre*).

(*) V. Vie manuscrite de Veyrier par le père Bougerel.

ŒUVRES ANONYMES.

XVe SIÈCLE.

229. — Statuette d'homme en prière.

La tête et les mains sont tronquées.

(*Albâtre*).

230. — Statue de femme ayant un genoux à terre.

Elle a été découverte à Aix en 1839, dans l'ancien couvent des Dominicains.

(*Pierre*).

XVIe SIÈCLE.

231. — Mercure châtié par l'Amour pour avoir dévoilé la passion de Mars et de Vénus (*attribution* JEAN DE BOLOGNE).

(*Cabinet Sallier*). (*Marbre*),

232. — Tête d'homme portant la barbe et les cheveux taillés ras.

(*Marbre*).

233. — Tête d'homme de forte proportion.

Elle est coiffée d'un casque.

(*Don de MM. Magnan*, 1849). (*Marbre*).

234. — Portrait de femme dans un médaillon de forme ovale.

(*Même provenance*). (*Marbre*)

XVIIe SIÈCLE.

235. — Caryatide.

(*Même provenance*). (*Pierre*).

236. — Buste de femme voilée.

(*Cabinet Saint-Vincens*) (*Pierre*).

237. — Tête de nègre.

(*Pierre*).

238. — Tête de vieillard.

(*Don de M. Coupin*). (*Pierre*).

239. — Tête d'une statue de la Vierge portant une couronne.

Elle a été trouvée dans les déblais de l'ancienne chapelle des Grands-Carmes à Aix.

(*Don de M. Pécout*). (*Marbre*).

240. — Médaillon représentant Louis XIV. (ECOLE DU PUGET).

(*Marbre*).

241. — Buste d'un inconnu.

Il est représenté en costume héroïque.

(*Marbre*).

242. — Buste du Puget (V. page 16).

Moulage d'une terre originale faisant partie de la collection Fabregoule.

(*Plâtre*).

XVIIIe SIÈCLE.

243. — Médaillon de N^as-Claude-Fabri de Peyresc, né en 1580 à Belgencier près de Toulon, conseiller au Parlement de Provence, illustre dans l'étude de la philosophie, des antiquités, des médailles, de l'histoire, des langues etc.

(*Plâtre*)

243*bis*. — Médaillon de Pierre Gassendi, chanoine de la cathédrale de Digne, professeur de mathématique à Paris et philosophe célèbre, né à Chantersier dans le diocèse de Digne en 1592.

Les images de ces deux illustrations provençales ont été exécutées par les soins de Saint-Vincens père.

(*Plâtre*).

---

244. — Masque de l'Empereur Napoléon Ier.

Ce moulage provient de la souscription ouverte par le docteur F. Antommarchi, 1833.

(*Don de M. le docteur Arnaud*).

MORCEAUX ANTIQUES.

245. — Statue acéphale de forte proportion, trouvée près d'Aix, le 14 mars 1839, au quartier de Marrueges, non loin du pont de Corneille.

Des traces ithyphalliques, la présence de petits génies, d'une panthère, de plusieurs fruits, font reconnaitre dans cette figure l'image du fils de Bacchus et de Vénus : Priape, dieu des jardins (*).

(*Don de M. Nègre*). (*Pierre blanche tendre*).

246. — Statue portant le bonnet phrygien et les braies (*bracæ*); costume sous lequel les anciens ont souvent représenté les prisonniers barbares.

On peut voir dans cette figure un gladiateur, ou au moins un combattant vaincu.

(*Don de M. Giraud, statuaire*). (*Marbre blanc d'Afrique*).

247. — Statue d'Esculape.

On s'est servi pour la restaurer d'une tête qui lui est étrangère. (*Marbre*).

248. — Statuette de femme couchée que l'on peut considérer comme une nymphe des eaux.

L'urne perforée sur laquelle elle s'appuie permet de présumer qu'elle était destinée à la décoration d'une fontaine d'intérieur.

(*Cabinet Sallier*). (*Marbre*).

(*) V. Une notice spéciale de M. le bibliothécaire Rouard, publiée à la suite des *Inscriptions en vers du Musée d'Aix*, et le *Musée de sculpture* de M. de Clarac, pl. 734 B.

249. — Statuette acéphale découverte à Aix, le 10 mai 1842, dans les fouilles pratiquées sur l'aire du Chapitre.

Elle est revêtue du *pallium* et soutient du côté gauche un *chénisque* : ornement que l'on plaçait quelquefois à l'arrière des vaisseaux ; à sa droite est un autel avec des fruits qu'enveloppe un serpent ; on voit aussi derrière elle une corne d'abondance (*).

(*Marbre*).

250. — Statuette de Cérès.

On la reconnait à ses attributs ordinaires : les épis de blé et la corne d'abondance (*cornu copiæ*) remplie de grains et de fruits, pour indiquer les deux espèces d'aliments essentiels à l'homme.

(*Cabinet Sallier*). (*Marbre*)

251. — Torse découvert en 1760 dans un vignoble, auprès de l'arc de triomphe antique de Saint-Remy.

Il porte, comme les figures de faunes et de Bacchus, la dépouille d'une bête fauve autour du corps.

(*Don de MM. Magnan* 1849). (*Marbre de Paros*),

252. — Torse d'homme de proportion héroïque.

(*Même provenance*). (*Marbre*).

253. — Torse de jeune homme conservé jusqu'aux genoux.

On voit à sa droite, à la hauteur de la main, un vase perforé qui semble avoir joué un rôle dans l'action que le sculpteur avait donnée à la figure.

(*Marbre grec*).

254. — Torse d'homme de petite proportion, conservé jusqu'aux genoux.

(*Cabinet Sallier*).

(*Marbre rouge-antique d'entre le Nil et la Mer-Rouge, variété à teinte uniforme, très-rare*).

(*) V. le rapport sur les fouilles d'antiquités faites à Aix en 1842.

255. — Buste de Cybèle.

La poitrine et les épaules sont une restauration.

(*Marbre*).

256. — Buste d'un inconnu.

Comme le précédent, ce morceau n'a d'antique que la tête.

(*Marbre*)

257. — Buste impérial découvert près d'Aix, à la Torse, dans un enclos ayant appartenu à la famille de Colonia.

Le *paludamentum* retenu par une fibule permet de voir sur l'épaule droite une partie de la cuirasse.

(*Don de M. Bédarride, ancien maire d'Aix*). (*Marbre*).

258. — Buste d'Ariane, prêtresse de Bacchus.

(*Cabinet Saint-Vincens*). (*Marbre*).

259. — Buste d'Omphale ou d'Hercule jeune.

Ces deux derniers marbres sont des ouvrages de la décadence.

(*Même provenance*). (*Marbre*).

260. — Buste de Faune.

Sculpture polychrôme.

(*Même provenance*). (*Marbre*).

261. — Buste revêtu du costume militaire.

Il a été restauré avec une tête qui ne lui appartient pas.

(*Même provenance*). (*Marbre*).

622. — Buste présumé d'une impératrice.

(*Même provenance*). (*Marbre*).

263. — Buste de l'empereur Adrien,

(*Cabinet Sallier*). (*Marbre*).

264. — Buste d'homme imberbe trouvé à Aix en 1755.

(*Cabinet Saint-Vincens*). (*Marbre*).

265. — Buste connu sous la dénomination de : *Néron enfant*.

(*Cabinet Sallier*). (*Marbre*).

266. — Tête impériale de forte proportion, découverte à Aix, le 10 août 1842, dans les fouilles faites dans l'enclos Sylvacane.

On a pensé qu'elle provient d'une image de Septime Sévère (*).
(Marbre de Carrare).

267. — Têtes géminées.

La seule des deux qui soit conservée semble représenter un philosophe.

(Cabinet Sallier). *(Marbre.)*

268. — Tête de femme.

Elle porte une coiffure de forme annulaire.

(Cabinet Saint-Vincens). *(Marbre).*

269. — Tête d'homme à barbe.
(Marbre)

270. — Tête de satyre.

(Cabinet Sallier). *(Marbre).*

271. — Tête de Silène.
(Cabinet Saint-Vincens) *(Marbre).*

272. — Tête de femme.
(Marbre).

273. — Tête de vieillard.
(Marbre).

274. — Fragment d'une tête de jeune homme.
(Marbre).

275. — Tête d'homme imberbe.
(Cabinet Saint-Vincens). *(Marbre)*

276. — Tête de Jupiter.

277. — Tête de Bacchus.

278. — Tête barbue.

Ces trois dernières pièces sont des marbres pour applique.

(*) V. le rapport sur les fouilles d'antiquités faites à Aix en 1842.

279. — Tête de basalte, (art d'Egypte).

L'uræus ou aspic, dont on voit les restes sur le front, nous apprend qu'elle provient de la statue d'un roi.

Ce fragment paraît être antérieur à la XXVIe dynastie.

(*Cabinet Saint-Vincens*).

280. — Tête de basalte, du style saïte (art d'Egypte).

Portrait d'un membre de la caste sacerdotale, ainsi que l'indique l'absence totale de barbe et de chevelure.

(*Cabinet Sallier*).

281. — Gaîne d'un hermès, découverte à Aix sur l'aire du Chapitre, en 1760, portant les traces du signe de la virilité et l'inscription :

ΗΡΩΙ	*A Héros*
ΛΥΣΑΝΔΡΟΥ	fils de *Lysandre*.

(*Cabinet Saint Vincens*). (*Marbre*)

282. — Partie antérieure d'un pied d'homme de proportion colossale, chaussé d'une *crepida* richement ornée.

(*Marbre*).

283. — Jambe avec son pied, découverte à Aix en 1842, dans les fouilles faites dans l'enclos Sylvacane

(*Marbre de Paros*).

284. — Pied de femme découvert au même lieu et en même temps que le fragment précédent.

(*Marbre*).

285. — Débris de jambe appartenant à la région du mollet.

(*Marbre*).

286. — Bras de porphyre (ébauche).

Il provient des fouilles des souterrains du Vatican à Rome.

287. — Fragments divers.

On peut remarquer parmi ces débris une tête de femme (marbre) dont les prunelles devaient être incrustées d'une matière précieuse.

288. — Bas-relief grec.

On voit sur ce monument, que l'on peut rapporter au grand siècle de la Grèce, une femme vêtue de la tunique et du pallium qui suit un cheval conduit par un personnage imberbe portant la chlamyde et coiffé du pétase comme plusieurs écuyers de la frise du Parthénon. Ces trois figures se dirigent vers un petit monument qui semble motiver la scène représentée par le sculpteur.

Ce bas relief a donné lieu à plusieurs interprétations : Millin veut qu'il représente une visite faite à la sépulture d'un mort; en dernier lieu, M. Ph. Lebas y a vu dans le cheval, un symbole funèbre.

(*Cabinet Saint-Vincens*) (*Marbre pentélique*).

289. — Trépied (*).

Deux faces seulement sont conservées ; on y voit une bacchante et une figure armée d'un thyrse.

(*Même provenance*). (*Marbre*).

290. — Bas-relief découvert près d'Aix, en 1724, au quartier de la Torse, dans une propriété appartenant alors à M. Coulaud.

Ce monument qui a pu servir d'enseigne à un vétérinaire, porte au centre la représentation en grand d'une *postomis*, instrument analogue au torche-nez ou à la moraille que l'on emploie de nos jours pour abattre le courage des chevaux dont on veut se rendre maître ; de chaque côté sont deux *equarii* (vétérinaires) occupés l'un à tondre un cheval, l'autre à pratiquer une saignée à l'ars, sur un autre cheval (**).

(*Même provenance*). (*Marbre*)

291. — Sarcophage chrétien trouvé à Arles, dans lequel le président de Peruzzis se fit inhumer en 1587.

Placé d'abord dans la chapelle des Observantains à Aix, ce sarcophage servit plus tard, conjointement avec celui qui est décrit ci-après, d'auge à une fontaine dépendant de l'établissement thermal de la ville.

Comme sur la plupart des monuments chrétiens, le sculpteur a retracé ici des scènes de l'Ancien Testament appliquées aux

---

(*) V. ce mot dans le *Dictionnaire des Beaux-Arts*, par Millin, t. III.

(**) V. *Dictionnaire des antiquités romaines et grecques*, par Anthony Rich, aux mots : POSTOMIS et EQUARIUS.

dogmes du christianisme; ainsi la délivrance des Hébreux de la captivité d'Egypte, qui fait le sujet du bas-relief qui nous occupe, peut être considérée comme un symbole du passage de la vie terrestre à la vie future.

La légende commence sur la face latérale du sarcophage, à main gauche du spectateur.

Assis sous une arcade qui désigne son palais, Pharaon annonce à Moïse qu'il consent à laisser partir les Israélites : un enfant et divers animaux sont là pour indiquer qu'ils pourront emmener leurs familles et leurs troupeaux.

Le sujet se continue sur la grande face : au signal qu'a fait Moïse, que l'on reconnaît à la verge qu'il tient à la main, la mer Rouge, qui s'était divisée pour offrir un passage aux Hébreux, rentre dans son lit engloutissant l'armée envoyée par Pharaon à leur poursuite ; le peuple de Dieu marche, ayant à sa tête une femme tenant un tambour, probablement pour chanter un cantique d'action de grâce, et qui paraît être la prophétesse Marie, sœur d'Aaron ; on remarque sur cette partie du bas-relief et sur celle qui occupe la face latérale suivante, deux figures portant autour du cou le manteau roulé qui contient la pâte non fermentée.

La scène se termine par la récolte des cailles et le frappement du rocher d'Horeb (*Marbre*)

291. — Sarcophage chrétien transporté, comme le précédent, en 1839 de l'établissement thermal de la ville, au Musée (*).

Il est décoré d'un bas-relief figurant un portique sous lequel sont représentés plusieurs traits tirés de l'Ecriture.

(*Marbre*).

292 —Bas-relief de Léda.

Ce bas-relief, fragment d'un sarcophage, publié pour la première fois par Dom Martin, était placé dans une des chapelles

---

(*) L'origine de ce sarcophage semble se rapporter aux nombreuses découvertes, faites à Arles, de semblables monuments ; il aurait pu, dans ce cas, faire partie de treize tombeaux donnés en 1634 par les consuls de cette ville à Melchior Mitte de Chevrières, marquis de Saint-Chaumont, lieutenant-général pour le roi, en Provence ; lesquels tombeaux, ajoute M. J.-J. Estrangin, en relatant ce fait (*Description de la ville d'Arles*), furent vraisemblablement transportés à Aix.

latérales de Saint-Sauveur à Aix, d'où il fut enlevé, vers 1792, pour être mis en dépôt à l'Hôtel-de-ville de Marseille.

Il porte deux sujets accolés : après une canéphore placée à l'angle du monument, Léda, ayant à son côté un vase destiné aux ablutions, reçoit les caresses de Jupiter métamorphosé en cygne : la figure emblématique de l'Eurotas est couchée à ses pieds pour désigner le lieux où se passe la scène.

Le sujet qui vient après représente l'instant qui suivit l'accouchement de cette princesse. Les traditions mythologiques sont ici altérées par la présence de trois enfants dans l'œuf qui a été déposé aux pieds du lit de l'accouchée, alors que la fable n'en cite que deux ; ces enfants sont Castor, Pollux et Hélène.

Gibelin, peintre et antiquaire distingué, dont nous avons déjà eu occasion de parler, a vu Tyndare, époux de Léda, dans la figure ceinte du diadème qui se tient au pied du thalamus, et Thestius son père, dans le viellard placé sur le bord gauche du bas-relief. D'après l'opinion du même antiquaire, les deux femmes qui entourent l'accouchée seraient sa mère et une de ses filles d'une autre couche, peut-être Clytemnestre.

Millin pense que cet ouvrage est du commencement du IIIe siècle. (*Marbre*)

294. — Fragments d'un sarcophage trouvés dans l'arrondissement d'Aix, au territoire de Pourrières, auprès des lieux, dit-on, où Marius défit les Teutons et les Cimbres.

(*Marbre*).

295. — Fragment détaché de l'angle d'un sarcophage présentant deux faces.

On y voit, d'un côté, un buste sous lequel on lit le mot TRIBVN..... et de l'autre, une partie de l'ornement appelé *encarpa*.

(*Cabinet Saint-Vincens*). (*Marbre*).

296. — Fragment de sarcophage, découvert dans le siècle dernier à Marseille, aux environs de la cathédrale.

Il représente les trois jeunes Hébreux, Sidrach, Misach et Abdenago, conduits ou se dirigeant vers la fournaise, pour avoir refusé d'adorer la statue de Nabuchodonosor qui est indiquée par un buste placé derrière eux (*).

(*Même provenance*), (*Marbre*)

(*) V. Rapport sur les fouilles d'antiquités faites à Aix, 1843-44, page 11, note 2.

297. — Débris d'un monument qui semble avoir été un autel, découvert dans les travaux de déblai exécutés à l'établissement thermal de la ville en 1860.

Il porte sur la face principale la figure d'un fleuve sculpté en bas-relief, et sur un des côtés, une partie d'une divinité des eaux. (*Marbre*).

298. — Médaillon d'albâtre d'une exécution barbare, découvert jadis à Aix au quartier des Minimes, et retrouvé plus tard dans la maison qu'avait habité Peyresc.

On y lit autour : DRVSVS CLAVDII IMPE.

(*Cabinet Saint-Vincens*).

299 — Bas-relief mutilé découvert à Aix, en 1841, dans les fouilles pratiquées dans l'enclos Milhaud.

Deux pêcheurs sont dans une barque ; l'un tient l'aviron et l'autre un panier d'où sort un poisson. (*Marbre*).

300. — « Jésus-Christ place l'âme dans le ciel, sous l'em-
» blème d'un oiseau qui mange le raisin de la terre
» promise. »

Telle est l'explication que nous a laissé Saint-Vincens du modeste marbre que nous décrivons ici ; ajoutons que ce fragment paraît sortir des catacombes de Rome.

(*Cabinet Saint-Vincens*). (*Marbre*).

301. — Autre fragment de la même origine que le précédent.

« Sous la forme d'un oiseau, l'âme repose sur l'arbre de la » Foi. » Le mot ...N PACE que l'on y lit indique que ce débris appartenait à une inscription tumulaire.

(*Même provenance*). (*Marbre*)

302. — Fragment de bas-relief représentant deux personnages.

L'un tient la corne à boire (*rhytium*), et paraît être une vieille esclave.

(*Cabinet Saint-Vincens*). (*Marbre*).

303. — Débris d'une plaque de marbre qui semble avoir fait partie d'une auge ou d'un bassin, comme l'indique une coupe d'assemblage que l'on y remarque sur un côté.

Il est sculpté sur les deux faces. On y voit un masque et un griffon terrassant un taureau. (*Marbre*).

504. — Tête de Méduse sculptée en bas-relief.

Fouilles de l'enclos Milhaud, 1841 (*Marbre*).

505. — Bas-relief découvert à Aix, dans un enclos ayant appartenu à la famille de Colonia, au quartier de la Torse.

On y voit sous une espèce de niche dont le caractère architectural est celui de la décadence, le Soleil sortant des flots sur un char à quatre chevaux. Sept trous régulièrement percés dans la chevelure de cette figure font présumer l'existence antérieure de rayons de métal correspondant aux sept planètes. L'inscription suivante placée en haut et en bas du bas-relief, nous apprend que ce monument est le résultat d'un vœu.

P. TALLIVS
ONESIMVS
V. S. L. M.
(*votum solvit lubens merito*).

(Don de M. Imbert) *(Pierre blanche)*.

506. — Bas-relief que l'on voyait jadis appliqué contre une maison de la rue Droite-Notre-Dame à Aix, et que l'on a supposé représenter un personnage scénique figurant l'Hercule gaulois. (*Molasse d'Aix*).

507. — Sous ce numéro sont décrits trois blocs de pierre trouvés à Entremont près d'Aix, en 1817, et portant des bas-reliefs présumés d'origine gauloise.

Les têtes humaines que l'on y voit représentent, selon toute probabilité, celles d'ennemis tués à la guerre, tandis que des vainqueurs y sont figurés par des cavaliers : ces restes de sculpture permettent de supposer que ces débris appartenaient à un monument triomphal (*). (*Pierre calcaire blanche du pays*).

(Don de M. Barthélemy Sallebant).

(*) V. le mémoire publié sur ces monuments par M. le bibliothécaire Rouard, *Mémoires de l'Académie d'Aix*, t. VI. V. un mémoire de Saint-Vincens : *Mémoires de l'Academie d'Aix*, t. I.

ARCHITECTURE.

ANTIQUITÉ.

308. — Chapitaux d'ordre corinthien découverts à Aix dans les premiers mois de 1817, sous le rempart de la ville, entre l'ancien cimetière de la Madeleine et le petit chemin du Tholonet.

(Marbre)

309. — Divers fragments d'ordres de provenance locale et débris divers.

(Pierre et Marbre).

310. — Trois colonnes de proportion corinthienne, dont une était engagée, découvertes à Aix dans les fouilles pratiquées dans l'enclos Sylvacane en 1842.

(Pierre).

311. — Fragment d'un fût de colonnette cannelée. Fouilles de l'enclos Sylvacane (1842).

(Brèche violette).

312 — Cippe de pierre blanche calcaire.

Il porte des traces d'inscriptions mais complétement frustes.

313. — Socle cannelé, (basalte compacte).

(Cabinet Saint-Vincens).

314. — Borne qui servait sans doute de limite à un champ.

On y lit :

IN
FRONTE
P. XII

315. — Tige de candelabre (λαμπτήρ).

(Marbre)

316. — Bloc de pierre orné de caissons, qui semble avoir appartenu à l'appareil d'un plafond.

317. — Marbre décoré de méandres, analogue au précédent.

318. — Bloc de pierre tendre du pays, dite de Calissanne, découvert à Aix en décembre 1843, dans l'ancien enclos des Minimes, aujourd'hui couvent du Saint-Sacrement.

La forme stéréotomique de ce débris nous apprend qu'il faisait partie des claveaux d'un archivolte; on voit un *simpulum* représenté dans l'appareil qu'il porte.

319 — Bloc de pierre découvert au même lieu et en même temps que le précédent.

Il semble avoir fait partie d'une frise présentant deux parements : on voit sur l'un des côtés une branche d'arbre à laquelle est suspendu un tympanum, ou une patère, et, sur la face opposée, une partie d'un trophée de guerre.

320. — Pavé en mosaïque (*pavimentum vermiculatum*) découvert à Aix le 29 septembre 1843, dans les fouilles pratiquées dans l'enclos Milhaud, au faubourg Sextius (*).

Ce morceau encadré d'une large bordure, dont une torsade courante fait le principal ornement, est orné de l'image d'un personnage jouant de la lyre en présence de trois animaux : un renard, une pie et une perdrix. L'idée d'Orphée charmant les animaux, et qui pourrait être ici une personnification du Christ, comme dans une peinture analogue des Catacombes, se présente au premier aspect de cette figure; on pourrait y voir aussi Apollon Musagète à cause de la grande analogie qu'elle a avec une statue du musée Pie-Clément; enfin ne serait-ce point une muse?

Plectra gerens Erato, saltat pede, carmine, vultu.
(AUSONE).

H. 1,95. L. 1,95.

(*) V. Le rapport sur les fouilles d'antiquités, faites à Aix en 1843 et 1844, par M. le bibliothécaire Rouard.

321. — Pavé en mosaïque découvert à Aix le 4 mai 1842, dans les fouilles faites sur l'aire du Chapitre.

Son champ, autour duquel règne une large bordure d'entrelacs, est orné d'une combinaison ingénieuse de parallélogrammes On y voit au centre un oiseau, qui paraît être une pintade, becquetant un fruit; il est regrettable que les dés (*abaculi*) de verre bleu que l'on avait employé dans cette dernière partie, soient peu conservés. H. 2, 40. L. 2, 40.

322. — Nous mentionnons ici sous le même numéro huit pièces détachées d'une grande mosaïque découverte à Aix, en janvier 1790, dans l'enclos Sylvacane.

On y voit figurés deux masques scéniques (*personæ*), une perdrix, un casque et quatre entrelacs.

D'autres fragments de cette mosaïque, dont le sujet principal représentait une scène de comédie, sont placés dans une salle de l'Hôtel-de-Ville (*).

(*Cabinet Saint-Vincens*).

323. — Pavé formé d'un placage de marbres (*pavimentum sectile*), découvert à Aix pendant les premiers mois de 1841, dans les fouilles faites dans l'enclos Milhaud.

Les porphyres rouges et verts, le jaune antique, le marbre africain, y ont été simultanément employés.

324. — Autre pavé qui formait la bordure du précédent.

Il est composé de jaune antique et de brèche violette.

325. — Fragment d'un pavé dont on voit encore des restes à l'établissement thermal de la ville.

Fait de petites briques oblongues, il affecte la disposition *spicata testacea*.

326. — Moulin à bras (*mola manuaria*), en basalte boursouflé de Beaulieu (environs d'Aix).

Ce spécimen trouvé à Entremont diffère, il est vrai, du moulin romain le plus connu, mais s'il n'en a pas les mêmes proportions, la structure en est semblable. Il est composé comme ce dernier, de deux meules superposées. La meule supérieure

---

(*) V. la notice publiée sur J.-F.-P. Fauris Saint-Vincens.

(catillus) est creusée par dessus en forme d'entonnoir servant de trémie pour recevoir le grain que l'on voulait moudre, de plus, elle présente par dessous un cône rentrant dans lequel s'adapte parfaitement la meule inférieure *(meta)*. On remarque enfin un orifice percé au centre de l'appareil qui donnait passage au grain qui s'engageait sous les meules, et qui semble avoir été destiné en même temps à loger un pivôt qui maintenait ces dernières dans leurs positions respectives. L'entaille en queue d'hironde que l'on voit sur la margelle du *catillus* recevait le bout du levier qui servait à imprimer le mouvement à la machine

(Don de M. Barthélemy Sallebant).

327. — Fragment d'une boule de basalte boursouflé.

Plusieurs débris semblables ont été remarqués dans l'enceinte celtique d'Entremont, d'où provient celui-ci.

328. — Tuiles plates en terre cuite (*tegulæ*) nommées ainsi par opposition aux tuiles faîtières (*imbrices*) qui leur servaient de couvre-joints quand on les posait sur un toit.

L'emploi de ces tuiles à des sépultures se rencontre fréquemment dans le territoire d'Aix. Elles sont dans ce cas placées en hauteur de chaque côté du squelette et appuyant par le haut l'une contre l'autre, formant ainsi une sorte de cercueil dont la coupe donne un angle.

329. — Briques rondes qui formaient les piliers supportant les plafonds des hypocaustes découverts à Aix, pendant les premiers mois de 1841, dans les fouilles faites dans l'enclos Milhaud (*).

330. — Brique carrée de la même provenance que les précédentes.

331. — Brique antéfixe que l'on introduisait dans les entablements pour décorer les frises.

Le sujet représenté est : la statue de Pallas adorée par deux Lacédémoniennes.

Parmi les fragments qui l'accompagnent on en remarque un qui conserve des restes de peinture.

(Cabinet Saint-Vincens).

(*) V. le rapport sur fouilles d'antiquités qui ont été faites à Aix en 1841.

332. — Ornements antéfixes en terre cuite qui, placés au bord des toitures, donnaient passage à l'eau de la pluie et la versaient dans la rue.

C'est par allusion aux inondations du Nil, qui ont lieu pendant que le soleil est dans le signe du Lion, qu'ils sont formées de la figure de cet animal.

333. — Briques sigillées.

Le cachet qui y est apposé porte ordinairement le nom du fabricant ou une marque de fabrique, ou bien il indique encore l'année pendant laquelle la brique dont on l'a détaché, a été fabriquée.

Les trois cachets (A. B. C.) proviennent des fouilles faites à Aix (V. le rapport sur ces fouilles, années 1841, 1842).

334. Tuyaux de conduit (terre cuite).

335. — Tuyaux de conduit (plomb), portant un raccordement.

336. — Poids de fils à plomb (*perpendiculi*) terre cuite.

MOYEN-AGE ET RENAISSANCE.

537. — Table de marbre portant sur les deux faces plusieurs disques taillés en creux.

On voit sur quelques-uns de ces disques des restes d'ornement : l'un d'entre eux, d'un plus grand diamètre que tous les autres, représente la Vierge assise entre deux anges qui planent dans l'air, ayant un roi et une reine agenouillés à ses côtés. L'inscription en caractères romans, qui complétait cette image, est malheureusement en grande partie effacée

Millin pense que ce sont là des moules servant à couler à la fois quarante-deux sceaux moindres que celui que nous venons de décrire, et qui rappèlent ou différentes branches d'une famille, ou plusieurs seigneuries dépendant d'un même domaine représenté par le grand sceau.

Cette table n'aurait-elle pas aussi pu être employée à confectionner des gatteaux devant avoir les dimensions et porter l'empreinte des disques qui y sont gravés?

(*Cabinet Saint-Vincens*).

537*bis*. — Fragment d'une corniche (XIIe siècle) recueilli à Saint-Bertrand (Haute-Garonne), dans le cloître où les comtes de Comminge avaient leurs sépultures.

Elle est décorée d'une figure humaine tenant des chevaux caparaçonnés.

(*Don de M. Coquand.* 1838).

538. — Vase décoratif en pierre blanche, du commencement du XIIIe siècle.

539. —Clef d'arcs ogives absidale, armoyée, portant huit amorces.

Elle provient de la chapelle des Grands-Carmes à Aix.

(*Don de M. Agard*).

540. — Clef d'arcs ogives à quatre amorces.

341. — Pierres blanches provenant de l'appareil d'une niche (commencement du XVIᵉ siècle).

On lit sur le dais : SANCTVS LVDOVICVS FRĀCORUM REX.

342. — Corbeaux ornés de motifs divers.

(*Pierre*).

343. — Ecusson tombal armoyé, provenant de l'ancien couvent des Minimes (XVIIᵉ siècle).

(*Pierre*).

344. — Ecusson tombal armoyé (XVIᵉ siècle).

Légende : *Beati mortui qui in Domino moriuntur*

(*Don de M. François Pourret* 1860). (*Marbre*).

345. — Frise ornée de trophées d'armes, provenant de l'établissement thermal de la ville. — Cartouche — Fragment d'un rinceau (XVIIᵉ siècle).

(*Pierre*).

346. — Fauconneau de bronze.

Il porte un écusson écartelé aux armes des familles de Villeneuve et de Coriolis qui avaient fourni des consuls à la ville d'Aix.

(*Transporté de l'Hôtel-de-Ville au Musée*, 1859).

347. — Coulevrines de bronze fixées dans une douille de fer à tige mobile.

(*Même provenance*).

348. — Huis en bois de noyer à panneaux sculptés (XVIᵉ siècle).

349. — Table ornée de scaïole supportée par quatre nègres, signée *Laurentius Boruccelli*, 1679.

L'invention de cette composition faite avec la sélénite, et l'art de l'employer, sont dus à Guido del Conte, né en 1584 à Carpi dans le Modenois ; cette ville a eu le monopole de la fabrication des peintures en *scagliole* jusqu'à la fin du siècle dernier.

REPRODUCTIONS DE MONUMENTS

350. — Modèle en bois d'une rotonde à huit colonnes d'ordre dorique.

(*Don de M. le général, comte d'Arbaud-Jouques*, 1829).

351. — Le pont du Gard.

Cet ouvrage en liége et les suivants sont l'œuvre d'un italien nommé *E. Stamati*.

(*Cabinet Saint-Vincens*)

352. — Mausolée antique de Saint-Remy.

(*Même provenance*).

353. — Arc de triomphe antique de la même ville.

(*Même provenance*),

354. — Tour dite de l'Horloge, que l'on voyait à Aix avant l'année 1778, et que l'on a présumé être un mausolée élevé à trois patrons de la colonie, dont la construction remontait au second consulat de L. Ælius Verus, c'est-à-dire vers l'an 136 de notre ère(*).

(*Même provenance*)

355. — Tombeau de Glaucias, trouvé à Marseille, au mois de mai 1799, sous les débris de l'abbaye de Saint-Victor.

(*) V. Lettre sur les tours antiques qu'on a démolies à Aix, etc. par A.-E. Gibelin.

L'original de ce monument est conservé au Musée de Marseille; voici l'inscription que l'on y lit, restituée par d'Ansse de Villoison et publiée par Saint-Vincens.

Γλαυκία ἐσὶ τάφος· πᾶις δ'ἀνέθηκε νέος,
Δέιξας ἐκ μικρῦ πρὸς πατέρ ἐυσεβίην.
'Ουκ ἔφθης, ὦ τλᾶμον, ἰδεῖν γόνον· οἷος ἄν ἦν σοὶ
Γηραίῳ τέυχειν ὁ τάφον, ἀλλά βίον.
'Η φθονερά δ', ὑμᾶς πάντ' ἀδικοῦσα Τύχη
Ματρὶ μὲν ἐν γήρᾳ δάκρυ θήκατο, τῆ δὲ γυναικὶ
Χηρίαν, δυστήνῦ παιδὸς ἅμ' ὀρφανίη.

« C'est ici le tombeau de Glaucias. Son jeune fils lui a consacré ce monument de sa piété filiale, qu'il a manifestée dès sa plus tendre enfance. Infortuné Glaucias ! tu n'as pu jouir de la vue de ton fils ! Il t'eût donné non pas un tombeau, mais la nourriture et des consolations dans ta vieillesse. La fortune jalouse vous a tous traités d'une manière bien injuste ; elle a réservé l'affliction et les larmes à une mère accablée d'années, la viduité à une épouse désolée, la perte d'un père chéri à un malheureux orphelin. »

(*Même provenance*).

356. — La bastille de Paris (*).

Représentation en relief de plâtre.

(*Envoi fait par l'Etat dans les départements en* 1789).

(*) V. *Histoire de Paris* par Dulaure. V. *Dictionnaire raisonné de l'architecture française* par Viollet-le-Duc, etc

EPIGRAPHIE.

MONUMENTS FUNÉRAIRES EGYPTIENS.

Nous nous plaisons à rappeler en tête de cet article que c'est à la science et à l'extrême obligeance de M. T. Devéria, l'un des conservateurs du Musée égyptien (première conservation du Musée impérial du Louvre), que nous sommes redevable de l'appréciation et de l'explication de nos monuments égyptiens.

Les monuments égyptiens du Musée d'Aix suffisent parfaitement pour donner une idée exacte des diverses phases de l'art pharaonique.

Les plus anciens 357, 357*bis* et 358, 358*bis* appartiennent à la première période, dite memphite, celle des premières dynasties, contemporaines de la construction des grandes pyramides.

On y remarque à la fois une grande simplicité et une grande puissance, avec une recherche évidente de l'imitation de la nature. Les proportions sont généralement plus massives que dans les époques postérieures, et les muscles sont bien indiqués dans les figures humaines.

Les suivants 359 et 360 sont du temps de la XIe dynastie et du premier art Thébain. On trouve à cette époque, encore antérieure à la domination des rois pasteurs, plus d'élégance, mais moins de vérité que dans les premiers; les formes commencent déjà à être conventionnelles.

La belle stèle 361 appartient aux époques qui suivirent l'expulsion des rois pasteurs, et la pierre 362 à celles qui furent précédées par le départ des Israélites; car on s'accorde généralement à penser que se sont les premiers pharaons de la XVIIIe dynastie qui chassèrent les premiers et que l'Exode eut lieu sous les souverains de la XIXe. On trouve alors des formes plus grêles dans la sculpture. et l'imitation de la nature avait presque entièrement fait place à la convention. La tête décrite ci-devant au numéro 279 doit appartenir également à cette période

C'est seulement sous la XXVIe dynastie qu'on remarque une véritable renaissance de l'art. Cette période est généralement appelée saïte ; on y observe d'abord une recherche d'archaïsme à laquelle était jointe toute la finesse des époques précédentes, puis, avec cette même délicatesse d'exécution, subordonnée plus que dans les premiers temps à des lois hiératiques, une imitation presque parfaite de la nature. C'est à cette époque qu'appartient la tête décrite au numéro 280.

Plus tard est venue une décadence qui précéda l'époque de la stèle 363 et qui n'a fait que s'accroître jusqu'à la destruction de la monarchie égyptienne et sous l'empire Romain.

Quant à la pierre 364 elle paraît appartenir à un art de la Basse-Egypte dont l'époque est difficile à déterminer (*).

Tous les objets égyptiens du Musée d'Aix, que nous ne désignons pas spécialement ici, paraissent appartenir au style saïte ou aux époques postérieures.

---

357. — } Bas-relief de calcaire, d'ancien style mem-
357 *bis*. — } phite (les deux pierres se réunissent, la plus petite à gauche et la plus grande à droite).

Deux personnages debout, profil à gauche, vêtus, par dessus la *chenti*, d'une peau de panthère attachée sur l'épaule droite et

---

(*) On peut consulter, sur l'histoire de l'art en Egypte et sur toutes les questions relatives aux antiquités égyptiennes, les excellents résumés que contient la *Notice sommaire des monuments égyptiens exposés dans les galeries du Musée du Louvre,* par le vicomte E. de Rougé, Paris, 1860, in-12.

dont la queue est ramenée par devant ; le premier tient de la main droite un long bâton, le second a la même main fermée sur sa poitrine ; ils portent tous les deux le sceptre *pat*, de la main gauche. Dans le champ est leur légende hiéroglyphique : l'un était ***Prophète* (*) *du roi Sent*** et s'appelait *Aesen* ou ***Aesn***, l'autre portait le même titre et se nommait ***An-kew***. On voit aussi devant le premier deux femmes de la même famille sculptées en petite dimension; ce sont : ***Newer-t-k*** et ***Hotep-noub-t***. Devant le second, ***le fils de ses flancs***, ***Ouer*** ou ***Sar*** (?) dont la légende a été gravée faute de place après celle du premier personnage. Enfin, dans le haut, auprès de la tête d'Ankew, l'image également petite d'un homme présentant des offrandes funéraires ainsi que l'indiquent les signes gravés à côté de lui.

On n'est pas encore sûr de la place du roi Sent, mais il est certain qu'il est antérieur à la XIIe dynastie, ainsi que le reconnaît M. Lepsius dans son livre des rois. Un passage du papyrus médical de Berlin établit clairement qu'il est postérieur au roi Tété dont il est question dans le Rituel funéraire au chap 130, col. 28. M. de Bunsen le place à la fin de la IIIe dynastie et M. Brugsch, dans son ***Histoire d'Egypte***, ainsi que l'avait déjà fait M. Lesueur, n'hésite pas à l'assimiler à Séthénès (Σεθένης) cinquième roi de la IIe dynastie des listes de Manéthon. Cette assimilation me paraît d'autant plus admissible que le nom du roi Sent (ou Send, suivant la transcription de M. Brugsch) figure sous une autre forme dont on connaît plusieurs exemples, dans le fragment nº 19 du canon hiératique de Turin, au-dessus du prince Ke qui peut parfaitement répondre à Chairès (Χαίρης) son successeur dans les mêmes listes.

Quoi qu'il en soit, il ne faut pas croire que notre bas-relief puisse être contemporain de ce roi, car les pharaons ne recevaient un culte, et des prêtres n'étaient chargés d'honorer leur nom qu'après leur mort. Mais le style remarquable de cette sculpture, les proportions un peu massives des personnages, comparativement à l'art des époques plus récentes, et enfin l'indication des muscles, avec la vérité des contours, ne permettent pas de lui attribuer un âge postérieur à la VIe dynastie : c'est-à-dire au temps de la construction des grandes pyramides qui précéda de beaucoup la venue d'Abraham en Egypte.

Un bas-relief analogue à celui qui nous occupe se fait remarquer par un art du même style et nous fournit le nom d'un autre prophète du même roi. Il est conservé à Oxford (**) et re-

(*) Titre sacerdotal.

(**) Ce monument a été gravé dans les ***Marmorea oxoniana***. pl. 1, 2me partie, et dans l'***Auswahl*** de Lepsius.

présente un *parent royal* (petit-fils du roi, suivant M. Brugsch) *prophète du roi Sent* et appelé *Chera (S'ra)* ; ce personnage est assis devant une femme dont la légende hiéroglyphique présente quelques difficultés, et séparé d'elle par une table chargée de mets au-dessus de laquelle on lit une liste d'offrandes.

Les monuments de ce genre faisaient partie de la décoration des tombeaux de l'ancienne nécropole de Memphis. Celui du Musée d'Aix a été dessiné et gravé au siècle dernier, mais d'une manière peu exacte ; la Bibliothèque impériale en possède (*), outre un trait à l'eau forte, deux dessins à l'encre de Chine, et un, de la seconde pierre seulement, aux deux crayons sur papier bleu. Toutes ces reproductions, sans noms d'auteurs, proviennent de la collection de Millin. Le plus grand des dessins porte l'annotation suivante : *« en marbre blanc un peu tendre. » Il furrent achettes par M. le présidt de poiniers des héri- » tier de Mr de bonnecorce placés à sa campagne de St-Mar- » cel. ce dernier les avait aportes degispte dans le siecle der- » nier. il avait été consul au Caire. »*

338. — } Deux bas-reliefs peints, de style memphite
338bis — } très-ancien, représentant chacun un personnage debout, en adoration, et, auprès de lui, diverses offrandes.

On lit devant le premier : *Le dévot U-hen-ma, justifié*, et devant le second : *Le dévot Teteu, justifié*. Une autre légende hiéroglyphique qui occupe sur les deux pierres une ligne horizontale dans le haut et une colonne verticale derrière le personnage se traduit ainsi : *Prosternation à Chent-Ament* (Osiris), *contemplation des grâces d'Ap-her-u par le dévot* { *U-hen-ma* / *Teteu* } *justifié.*

339. — Stèle de pierre calcaire en forme de porte surmontée d'une corniche, au-dessous de laquelle on lit deux lignes d'hiéroglyphes qui contiennent une formule funéraire :

Proscynème (**) *à Ptah-Sokari, dieu grand* (qu'il donne) *l'offrande d'aliments, des bestiaux, des volailles, des prépa-*

(*) Bibl. impériale, dépt des Estampes, portefeuille G. a. 68, antiquités égyptiennes.
(**) Acte d'adoration.

rations (*), *des parfums, des onguents et toute chose bonne et pure dont vit un dieu, à la personne du dévot Ousertsen justifié* (**), *fils de Patet justifiée*. On voit au-dessous de cette formule sept vases bouchés qui sont censés contenir divers ingrédients, et, plus bas, le défunt assis devant une table chargée d'autres offrandes parmi lesquelles on distingue la cuisse et la tête d'une victime, une oie dépouillée de ses plumes, des pains, des gâteaux et d'autres mets. Derrière ce personnage, un enfant se tient debout et respire le parfum d'une fleur de lotus ; c'est *son frère Senbu, fils de* la même *Patet*.

Le style de ce monument et les deux noms propres qu'il porte permettent de l'attribuer à la XIe dynastie.

360. — Bas-relief funéraire en pierre calcaire, modelé dans le creux et peint. Style et noms propres de la XIe dynastie.

Le dévot à Osiris, directeur des travaux du roi, intendant de l'intérieur (?), *Har-nekht, enfanté de Mera*, est assis à gauche et reçoit de nombreuses offrandes dont la liste se lit devant lui et que lui apportent divers membres de sa famille. Il est lui-même représenté une seconde fois à gauche et suivi de *son père qu'il aime, Pepa, sa mère, Mera, sa femme qu'il aime, Aâh, ses filles Hentou-n-Tet et Amoun*. Au dessous de ces quatre personnages, viennent également trois hommes, le... *Antew, Herkha* (?) et *Har-nekht*, puis trois femmes *Tete-t, Ta-ânkh* et *Henï*.

En haut de la pierre, une ligne horizontale d'hiéroglyphes contient l'allocution suivante : *O vivants, premiers de la terre, qui (approchez) de ce tombeau, qui aimez la vie et qui détestez la mort..... aimez votre roi* (et) *répétez la prière (?) à celui qui est dans l'Amenti* (pour) *l'intendant de l'intérieur Har-nekht, enfanté (?) de Mera*. Cette prière est en effet inscrite à droite : *Proscynème à Osiris qui est dans l'Amenti..... seigneur d'Abydos ; qu'il donne aliment et boisson à l'intendant de l'intérieur Har-nekht*, et les légendes dispersées dans le champ nous apprennent que tous les personnages représentés sont censés répéter cette prière.

Ce monument et plusieurs autres que j'ai eu occasion d'étudier donnent à penser que le défunt, assimilé à Osiris, le dieu des morts, représentait ce dieu dans les sculptures funéraires de son tombeau et pouvait à ce titre se rendre hommage à lui-

(*) Ou des vêtements?

(**) C'est-à-dire *defunt*.

même (*). On voit en effet sur celui-ci que la place du dieu est occupée par l'image du défunt et la fin de l'allocution inscrite dans le haut peut se traduire littéralement par ces mots : ***Répétez la prière (?) à celui qui est dans l'Amenti*** (c'est-à-dire Osiris ou le défunt) ***intendant de l'intérieur, Har-nekht, enfanté (?) de Mera.*** Si l'on admet cette interprétation, les mots : *Celui qui est dans l'Amenti*, répondent exactement au titre d'Osiris ou Osirien qui, dans les époques postérieures, s'appliquait à tous les morts.

Il est à remarquer aussi que la qualification de ***justifié*** qui ne s'appliquait peut-être pas exclusivement aux défunts, ne se trouve qu'une fois sur notre pierre, c'est dans la légende horizontale placée au-dessus de l'autel ; cette épithète est en effet plus rare sur les monuments antérieurs à la XVIIIe dynastie que sur ceux des époques postérieures.

361. — Stèle funéraire sculptée avec une admirable finesse.

En haut, le disque solaire soutenu par deux dieux agenouillés sur le signe du ciel ; de chaque côté, deux cynocéphales en adoration avec une double légende hiéroglyphique dans le champ ; à droite : ***Adoration au soleil quand il a brillé à l'horizon oriental du ciel,*** et à gauche : ***Adoration au soleil lorsqu'il a brillé à l'horizon occidental du ciel.***

Au-dessous, Osiris assis sur un trône et tenant, outre les attributs qui lui sont particuliers, le sceptre *t'âm* combiné avec le *tat*, qu'on voit ordinairement dans les mains du dieu Ptah ; derrière lui se tiennent debout Isis et Nephthys, ses deux sœurs, Horus son fils, l'une des formes d'Hathor, et Anubis. En avant, un autel avec diverses offrandes et un espace où était représenté le défunt, mais qui a malheureusement été brisée. Au-dessus de cette scène, il reste dix-neuf colonnes de beaux hiéroglyphes qui se rapportent à chacun des personnages qui la composaient; c'est-à-dire, les cinq premières colonnes à droite, qui doivent se lire en commençant par la gauche, se rapportent à l'attitude adorative du défunt dont l'image a disparu, et contiennent ces mots : ***Acte d'adoration à Osiris qui habite l'Amenti*** (l'enfer égyptien), ***à Ptah-Sokari qui est dans le Chéteï*** (*S'teï*, lieu de mystère, demeure funèbre?), ***prosternation à Isis et Nephthys, glorifications à Horus fils d'Isis, salut à Anubis, seigneur du Teser,*** (*par*).......... (suivait la légende du défunt). Les autres colonnes, qui se lisent de droite à gauche, contien-

(*) Comparez la pierre 362.

nent les noms et les titres des mêmes divinités : en voici le sens : *Proscynème à Osiris qui est à Abydos, Être-bon (Un-newer) seigneur de Teser, dieu vénérable qui est dans Aker, seigneur du temps, souverain des vivants.*

Discours d'Isis et Nephthys : nous t'assistons (? ss), Être-bon (Un-newer), éternellement, toutes deux.

Horus fils d'Osiris, dieu grand, qui est dans Abydos, seigneur du ciel.

Hathor dame des champs (?) sous son nom de Khaw(t)-neb-s.

Anubis qui habite le pylone sacré, préposé aux mystères de l'Être-bon (Un-newer), et qui étend ses bras vers la sépulture.

Dans le bas on lit encore une fois la légende des mêmes divinités; il est facile de restituer le commencement qui a disparu : (*Proscynème à Osiris qui est dans l'Amenti, à) P(ta)h-Sokari, qui est dans le lieu mystérieux, à Anubis qui habite le pylone sacré, à Hathor, qui est dans Aouker, à Ament-Khaw(t)-neb(-s)*....... (La fin a disparu; elle contenait la légende d'Anubis).

Le type légèrement aquilin donné aux divinités et qui rappelle celui de Ramsès, nous engage à attribuer à ce beau monument l'époque de la XIXe dynastie, bien que la délicatesse et les détails de son exécution rappellent aussi les sculptures saïtes.

362. — Stèle funéraire à trois registres.

En haut, *le chef Pearase justifié, surnommé Apae*, vêtu d'une longue tunique, est debout, en adoration devant *Osiris, seigneur du temps, roi des dieux, Isis-Termoutis..... régente des deux mondes*, et *Har-si-Esi*. Au-dessous, tous les membres de la famille de ce personnage sont représentés assis; ce sont, en commençant par la droite, *le chef Perase* lui-même (*), *son père Meri-Ptah, justifié, sa mère Isi-em-heb, justifiée, son frère Se-ra, justifié, sa sœur, la dame Te-Khaï, Snoum, sa sœur Terpu (?), justifiée, sa sœur Rutuher, justifiée, sa sœur Em-heb, justifiée, sa sœur Te-nâ-rae (?), justifiée, son frère Pe-ntr-s..... justifié, son frère Ramâ, justifié, et son frère Petunene (?) justifié.*

Il est à remarquer que ces noms propres sont pour la plupart

(*) Ce nom présente ici une variante, mais il est certain, d'après la place qu'il occupe en tête des autres, qu'il s'applique au même personnage. Voir l'explication de la pierre 360.

étrangers à l'Egypte et analogues à ceux que l'on rencontre fréquemment sur les monuments de la XXe dynastie, notamment sur ceux du règne de Ramsès III, dont le style est en tout semblable à celui de notre stèle.

363. — Stèle funéraire.

En haut, le disque ailé, au-dessus d'un anneau, du signe des eaux ou de l'éther et d'un vase symbole de l'espace, entre deux chacals couchés, ornés d'un flagellum et d'un sceptre *pat*. Plus bas, un prêtre et deux femmes debout en adoration, demandent à *Osiris, seigneur du Te-ser*, également debout : une bonne sépulture pour le premier de ces personnages, *Nsa-Har, fils de Psamétik*, qui porte un titre sacerdotal particulier, et celui de *parent royal*. Les deux femmes sont : *son épouse, la dame Te-se-n-meh-t, fille du libateur Nsa-p-râ*, et sa mère *Aru* ou *Ar-ru*.

On lit dans le bas un *proscynème à Osiris-Chent-Ament, dieu grand, seigneur d'Abydos*, pour *qu'il accorde les productions alimentaires, bestiaux, volailles* et *toute chose bonne, pure* et *agréable dont vit un dieu, au dévot à Osiris*, le prêtre, *parent royal, Nsa-Har*, qui s'adresse ensuite aux hommes ; il dit : *O prophètes, divins pères, purificateurs* (*prêtres des cérémonies ?*), *grammates* et *dignitaires, tous, qui vivez, qui restez* (sur la terre), et *qui établissez vos fils à votre place après votre vieillesse, invoquez ainsi le nom du* (prêtre) *Nsa-Har, fils du* (prêtre du même ordre) *Psametik, fils du* (prêtre du même ordre), *second prophète d'Osiris, hiérogrammate, prophète d'Har-net'-tew-w, chargé des purifications de la déesse Pakht, Pe-te-Isi, justifié*, et *enfanté de la dame, assistante (?) de Chent-Ament* (Osiris), *Ar-ru* ;.... *Nsa-Har, justifié auprès du dieu grand*.

Le nom de Psamétik père du défunt indique que ce monument ne peut pas être antérieur à la XXVIe dynastie, et le style de la gravure semble appartenir à une époque postérieure.

364. — Stèle de pierre calcaire, sculptée en bas-relief, avec recherche d'archaïsme, mais d'assez mauvais style. Le fond est peint de couleur verdâtre et les figures conservent quelques traces d'autres couleurs.

En haut, le disque ailé, flanqué de deux *uræus*, au-dessous, une déesse *de face* verse de chaque main une libation : de chaque côté, une figure agenouillée et l'image d'une âme sous la forme d'un oiseau androcéphale baissant la tête pour boire le liquide qui s'échappe des vases que tient la déesse. Cette représentation est excessivement rare; on peut la comparer à celle de la déesse Katech, Kadech ou Koun, sur quelques stèles conservées dans les musées de Paris, de Londres et de Turin ; mais il n'est pas impossible que la divinité figurée ici soit Hathor. Les figures de face sont dans tous les cas de la plus grande rareté dans l'art égyptien.

Plus bas, deux hommes et une femme debout, en adoration, adressent un acte de dévotion à Osiris et à Isis-Termoutis, pour que le dieu leur accorde les biens funéraires ; ces trois personnages sont : le défunt..... *Isi-mâ-nekht*, son père *Petosiris*, et sa mère *Poun-Chaw*. On distingue dans le bas les restes d'un proscynème hiéroglyphique.

(Les stèles 357 et 357 bis faisaient partie du cabinet Saint-Vincens, les autres proviennent du cabinet Sallier).

INSCRIPTIONS DIVERSES
VOTIVES, HONORIFIQUES, SÉPULCRALES.

365. — Table de marbre apportée d'Egypte en 1807, portant une inscription qui est un édit des empereurs Dioclétien et Maximien, publié dans les derniers mois de l'an 301 de notre ère, et qui semble être le préambule d'une loi dont il aurait précédé la publication et dont il aurait été le commentaire.

Nous renvoyons le lecteur aux *recherches* faites sur ce monument (*) par M. Marcellin de Fonscolombe, à qui nous emprunterons seulement le texte de l'inscription restituée.

« (**) *Imp. Cæs. C. Val. Aurel. Diocletianus, p. f. inv.*
» *aug.* Pont. max. Germ. max. VI. Sarm. max. IV. Persic. max.
» II. Britt. max. Carpic. max. Armen. max. Medic. max. Adia-
» benic. max. Trib. P. XVIII. Coss. VII. imp. XVIII. P. P.
» Procoss.

» Et imp. Cæsar. M. Aurel. Val. Maximianus. p. f. inv. Aug.
» Pont. max. Germ. max. V. Sarm. *max.* III. *Persic. max.* II.
» *Britt. max. Carpic. max. Armen. max. Medic. max. Adia-*
» *benic. max. Trib.* P. XVII. Coss. VI. Imp. XVII. P. P. Procoss.

» Et F. Val. Constantius Germ. max. II. Sarm. max. II. Per-
» sic. max. II. Britt. max. Sarm. max. Armenic. max. Medic.
» max. Adiaben. max. Trib. P. VIIII. Coss. III. Nobil. Cæs.

» Et F. Val. Maximianus. Germ. max. II. Sarm. *max.* II.
» *Persic. max.* II. *Britt. max. Sarm. max. Armenic. max.*
» *Medic. max. Adiab*. max. Trib. P. VIIII. Cos. III. Nobil.
» Cæs.

» Dicunt

1er *Paragraphe.* — » Fortunam Reipublicæ nostræ, cui,

(*) V. *Mémoires de l'Académie d'Aix*, t. III. V. Un autre Mémoire sur ce monument. (Paris, Dondey-Dupré, 1829). dans lequel l'auteur a publié une traduction de cette inscription.

(**) Tout ce qui est suppléé est souligné.

» juxta immortales, Deo bellorum memori, quæ feliciter gessimus gratulari licet, *quòd tantis calamitatibus liberata, ad hanc pervenerit securitatem* propterquam sudore largo laboratum est, disponi fideliter atque ornari decenter honestum publicum et Romana dignitas majestasque desiderant; ut nos qui benigno favore numinum æstuantes de præterito rapinas gentium barbararum ipsarum nationum clade *repressimus, de futuro execrandæ avaritiæ furores cohibeamus et vindicemus* nam si ea quibus nullo sibi fine proposito ardet avaritia desæviens, quæ sine respectu generis humani, non annis modó vel mensibus, aut diebus, sed penè horis ipsisque momentis ad incrementa sui et augmenta festinat, aliquæ continentiæ ratio frenaret vel si fortunæ communis æquanimo *ferentes detrimentum in questibus non erumperent qui tantis cruciatibus lacerantur*, dissimulandi forsitan atque reticendi relictus locus videretur cùm detestandam immanitatem conditionemque miserandam communis animorum patientia temperaret.

2e *Paragraphe.* — » Sed quia vera est cupido furoris indomiti nullum communis necessitudinis habere dilectum et glicentis avaritiæ acra *flagitia meditari ac per fas atque nefas semper grassari, proprium est*, æstimatur in lacerandis fortunis omnium necessitate potiùs quàm voluntate destitui, atque ultra conjici re non possunt quos ad sensum miserrimæ conditionis egestatis extrema triverunt. Convenit prospicientibus nobis, qui parentes sumus generis humani, arbitram rebus in*terponere auctoritatem nostram præceptaque specialia majestatis augustæ ut* ad commune omnium temperamentum remediis provisionis nostræ conferatur.

3e *Paragraphe.* — » Et hujus quidem causæ quantùm communis omnium conscientia recognoscit ipsarum rerum fides clamat penè sera prospectio est, dum hac spe concilia molimur aut *frenata cupidine, conscientia communis miseriæ, aut fortunâ imperii consideratâ, ut gra*vissimis deprehensa delictis ipsa se emendaret humanitas, longè melius existimantes non ferendæ direptionis notas à communibus judiciis ipsorum sensu atque arbitrio submoveri quos quotidie in pejora præcipites et in publicum nefas, quædam *nimis obstinata obduratque avaritia et semper in quæstibus æstuantis atro*cissimæ inhumanitatis gravis noxa dediderat.

4e *Paragraphe.* — Ad remedia igitur jam diu verum necessitate desiderata prorumpimus et securi quidem querellarum, ne ut intempestivo aut superfluo medellæ nostræ interventus vel apud improbos levior auto*ritas nostra existimetur, homines, qui rationem temperantiæ et mod*estiæ sentientes sequi tamen noluerunt.

5e *Paragraphe.* — » Quis enim adeo obtu nisi pectore sit » a sensu humanitatis excorris est, qui ignorare possit immo » non senserit in venalibus rebus quæ vel in mercimoniis » aguntur vel diurna urbium conversatione tractantur, *intro-* » *ductum fuisse ut immensâ caritate factâ, enorme pretium,* » *etiam in exiguis, nec rerum* copiâ nec annorum ubertatibus, » mitigaretur : ut planè hujusmodi homines quos hæc officia » exercitos habent, dubium non sit semper pendere nimis » etiam de siderum motibus auras ipsas, tempestatesque captare » neque iniquitate *cœli solliciti sunt ipsi, sed ægre tolerare* » *videntur lætos ubere frugum agros* arva felicia ut qui de- » trimentum sui existiment cœli ipsius temperamentis abun- » dantiam rebus provenire et quibus semper studium est in » questum trahere etiam beneficia divina ac publicæ felicitatis » affluentiam stringere, rursusque *quandò cupiditas eorum* » *frequentat forum rebus venalibus cum immensis questibus* » *nundinari.* Qui singuli maximis divitiis diffluentes, quæ » etiam populos ad satiam explere potuissent, consectentur pe- » culia et laceratrices centesimas persequantur. Eorum avari- » tiæ modum statui provinciales nostri communis humanita- » tis pati*entissimè permoti malis postulant, nosque quid nos-* » *trum ad providendum* diu prolatam patientiam compulit, » explicare debemus, ut quamvis difficile sit toto orbe avari- » tiam sævientem speciali argumento vel facto potius revelari, » justior tamen intelligatur remediis constitutio, cùm intempe- » ratis*simi homines nullum continentiæ et moderationis ra-* » *tionem videntur* agnoscere.

6e *Paragraphe.* — » Quis ergo nesciat utilitatibus publicis » insidiatricem audaciam quacunque exercitus nostros dirigi » communis omnium salus postulat, non per vicos modó aut » oppida sed in omni itinere animo sectionis occurrere *eaque* » *malitiâ atque rapinæ perseverantiâ ut tam horrendum fa-* » *cinus intent*ionis et facti explicare humanæ linguæ ratio non » possit, denique interdum distractione vitiosa, donativo mili- » tem stipendioque privari : et omnem totius orbis ad sustinen- » dos exercitus conlationem gestantis quæstibus diripientium » cedere v*ilissimis.* »

(Don de M. Sallier 1822*)*.

366. — Pilier de brèche violette possédé autrefois par Peiresc chez qui il avait été apporté de Saint-Cannat (Bouches-du-Rhône).

On y lit l'inscription suivante qui a rapport à un vœu fait pour la santé de l'empereur Alexandre Sévère et de Julia Mammæa, sa mère.

ΕΠ ΑΓΑΘΟ ΥΠΕΡ ΣΩΤΗΡΙΑΣ (*)	*Ob beneficium* (posuit)
ΜΑΡΚΟΥ ΑΥΡΗΛΙΟΥ	*Pro salute*
ΣΕΟΥΗΡΟΥ ΑΛΕΞΑΝΔΡΟΥ	*Marci Aurelii*
ΕΥΤΥΧΟΥΣ ΕΥΣΕΒΟΥΣ ΣΕΒ.	*Severi Alexandri*
ΚΑΙ ΙΟΥΛΙΑΣ ΜΑΜΑΙΑΣ	*Felicis pii augusti*
ΣΕΒΑΣΤΗΣ ΜΗΤΡΟΣ ΣΕΒ.	*Et Juliæ Mammeæ*
ΔΙΙ ΗΛΙΩ	*Augustæ matris Augusti*
ΜΕΓΑΛΩ ΣΑΡΑΠΙΔΙ	*Deo Soli*
ΚΑΙ ΤΟΙΣ ΣΥΝΝΑΟΙΣ	*Magno Sérapidi*
ΘΕΟΙΣ	*Aliisque in eodem templo*
Μ ΑΥΡΗΛΙΟΣ ΗΡΩΝ	*Diis*
ΝΕΩΚΟΡΟΣ ΤΟΥ ΕΝ	*Marcus Aurelius Héron*
ΠΟΡΤΩ ΣΑΡΑΠΙΔΟΣ ΕΠΙ	*Æditnus ædis Serapidis quæ*
ΑΑΡΓΙΝΙΩ ΒΕΙΤΑΛΙΩΝΙ	*Est in portu sub*
ΑΡΧΙΥΠΗΡΕΤΗ ΚΑΙ ΚΑ	*Larginio Vitalione*
ΜΕΙΝΕΥΤΗ ΚΑΙ ΑΥΡΗΛΙΩ	*Archiministro et Camineuta*
ΦΗΒΩ ΚΑΙ ΣΑΛΩΝΙΩ ΘΕΟ	*Et Aurelio Phœbo*
ΔΟΤΩ ΙΕΡΩΦΩΝΟΙΣ	*Et Salonio Théodoto*
ΚΑΙ ΚΑΜΕΙΝΕΥΤΑΙΣ ΚΑΡΙ	*Sacris cantoribus*
ΤΗ ΙΕΡΟΔΟΥΛΕΙΑ ΑΝΕ	*Et Camineutis Charite*
ΘΗΚΕΝ ΕΠ ΑΓΑΘΩ	*Sacrorum Ministra*
	Posuit ob beneficium.

« En mémoire d'un bienfait, cette inscription a été posée
» pour le salut de Marc-Aurèle Sévère Alexandre, heureux,
» pieux, auguste, et de Julia Mammaea Augusta, mère d'Auguste,
» en l'honneur du dieu Soleil, du grand Sérapis, et des autres
» dieux honorés dans le même temple ; par Marc Aurèle Héron
» *æditnus* du temple de Sérapis qui est auprès du port, lorsque
» Larginius Vitalio était archiprêtre et camineute, et Aure-
» lius Phœbus avec Salonius Théodotus, chantres sacrés et ca-
» mineutes ; et par Charite, prêtresse du temple, qui l'a égale-
» ment posée par reconnaissance pour un bienfait reçu. »

(*Cabinet Saint-Vincens*).

567. — Monument votif à Esculape (pierre calcaire), trouvé en 1861 dans une maison située à Aix,

---

(*) Cette première ligne placée sur le rebord supérieur du monument est à demi rongée. V. cette inscription publiée à la suite de la notice sur Fauris Saint-Vincent. V. Millin, *Voyage dans les départements du Midi*, t. II.

dans la rue Saint-Laurent, 10, sur un point où passait l'antique voie Aurélienne.

Il porte une inscription martelée en partie, mais déjà rapportée par Bartel (*) qui nous en fournit ici le texte restitué.

DEO AESCVLAPIO
VAL. SYMPHORVS ET PROTIS
SIGNVM SOMNI AEREUM
TORQVEM AVREVM EX DRACVN-
CVLIS DVOBVS P. L. ENCHIRIDIVM
ARGENTI P. L. ANABOLIVM OB IN-
SIGNEM CIRCA SE NVMINIS EIVS
EFFECTVM V S L M

(*Don de M. Hippolyte Grangier, par l'intermédiaire de M. l'abbé Maurin*, 1861)

368. — Cippe de marbre que l'on fait remonter au IIIe siècle de notre ère.

Deux figures y sont représentées en bas-relief : l'une, placée au centre du monument, est une femme ayant des ailes de papillon : c'est sans doute Psyché, symbole de l'âme, l'autre, tenant un bâton, parait être un jeune-homme : ce ne peut-être, observe Millin, (**) la personne à qui le monument est consacré qu'a voulu représenter le sculpteur dans cette dernière figure, puisqu'elle est morte dans un âge avancé, c'est plutôt le génie de la mort, et le bâton qu'il tient est un flambeau renversé.

On lit sur ce cippe :

ΖΗΝΩΝΙ	*A Zénon*
ΧΡΗϹΤΗ ΚΕ	*Excellent et innocent*
ΑΛΥΠΕ ΧΕΡΕ	*Salut ;*
ΖΕϹΑϹ Α ΕΤΗ	*Il a vécu soixante-treize*
ΟΓ	*Ans*

(*Cabinet Saint-Vincens*)

369. — Cippe de pierre rapporté d'Egypte.

On y lit :

ΘΕΩΝ
ΣΩΤΗ
ΡΩΝ

(*) V. *Historica et chronologica præsulum sanctæ Regiensis ecclesiæ nomenclatura. Aquis sextiis, apud Stéphanum David*, 1636.

(**) V. *Voyage dans les départements du Midi*. t. II.

370. — Piédestal de pierre calcaire dure découvert à Aix dans ces dernières années, auprès du couvent des dames du Saint-Sacrement.

On y lit :

L. F. PONT
TRYFONI
SOZOME
NVS.

371. — On lit sur une dalle de pierre tendre l'inscription votive :

MERCVRIO V . S PRISCILLA.	*Priscilla* *a accompli son vœu* *à Mercure.*

Cabinet Saint Vincens).

372. — Inscription du jeune navigateur.

Elle est sur un bloc de calcaire qui devait faire partie d'un monument funéraire. Recueillie par Saint-Vincens parmi les débris de la maison que Peiresc avait habité à Aix, elle a été publiée par J. Spon en 1685, et interprétée par l'abbé Perier, par E. Q. Visconti et par Chardon de La-Rochette et d'Ansse de Villoison. La lecture et les traductions ci-après sont de ces deux derniers (*). On rapporte ce monument au IIe siècle de notre ère.

[ΤΟΙΣΙΝ Δ᾽ ΗΧΗΕΣΣΙ ΠΑΡ᾽ ΑΙΓΙΑΛΟΙΣΙΝ]. ΟΔΙΤΑ,
ΚΟΥΡΟΣ ΕΓΩ ΚΑΛΕΩ ΣΕ. ΘΕΩ ΦΙΛΟΣ. ΟΥΚ ΕΤΙ ΘΝΗΤΟΣ·
ΗΙΘΕΟΣ, ΚΟΥΡΟΙΣΙΝ ΟΜΗΛΙΚΙΗ ΠΑΝΟΜΟΙΟΣ
ΠΛΩΤΗΡΩΝ ΣΩΤΗΡΣΙΝ, ΑΜΥΚΛΑΙΟΙΣΙ ΘΕΟΙΣΙΝ,
ΠΛΩΤΗΡ ΚΑΙ ΠΟΛΕΩΝ ΠΟΝΤΟΥ Γ ΕΝ ΚΥΜΑΣΙΝ ΕΣΤΗΝ
ΕΥΣΕΒΙΗ ΤΡΟΦΕΩΝ ΔΕ ΛΑΧΩΝ ΤΟΔΕ ΣΗΜΑ ΠΕΠΑΥΜΑΙ
ΝΟΥΣΩΝ, ΚΑΙ ΚΑΜΑΤΟΙΟ, ΚΑΙ ΑΧΘΟΣ ΗΔΕ ΠΟΝΟΙΟ.
ΤΑΥΤΑ ΓΑΡ ΕΝ ΖΩΟΙΣΙΝ ΑΜΕΙΛΙΧΑ ΣΑΡΚΕΣ ΕΧΟΥΣΙΝ·
ΕΝ ΔΕ ΤΕΘΝΕΩΣΙΝ ΟΜΗΓΥΡΕΕΣ ΓΕ ΠΕΛΟΥΣΙΝ
ΔΟΙΑΙ, ΤΩΝ ΕΤΕΡΗ ΜΕΝ ΕΠΙΧΘΟΝΙΗ ΠΕΦΟΡΗΤΑΙ,
Η Δ᾽ ΕΤΕΡΗ ΤΕΙΡΕΣΣΙ ΣΥΝ ΑΙΘΕΡΙΟΙΣΙ ΧΟΡΕΥΕΙ·
ΗΣ ΣΤΡΑΤΙΗΣ ΕΙΣ ΕΙΜΙ. ΛΑΧΩΝ ΘΕΟΝ ΗΓΕΜΟΝΗΑ.

. . . .

(*) V. une dissertation publiée à la suite de la *Notice sur Fauris Saint-Vincens.*

Hæc resonantia propè littora, ô Viator!
Adolescens ego adloquor te, Numini charus, non ampliùs mortalis.
Venerem nondùm expertus, adolescentibus, ætate florente omninò similis
Nautarum sospitatoribus, Amyclæis Diis,
Nauta et ego vitam errabundus maris in fluctibus traducebam.
Pietate verò patronorum sortitus hunc tumulum, vale dixi
Morbis laborique, nec non curis atque ærumnis;
His enim, dùm vivimus, miseriis carnes obnoxiæ sunt.
Apud mortuos autem cœtus profectò extant
Duo, quorum alter quidem in terris vagatur,
Alter verò sideribus cùm cœlestibus choreas ducit,
Cujus militiæ (posterioris scilicet cœtus) pars nunc sum, sortitus Deum ducem.

« Sur ces rivages battus par les flots, c'est un adolescent qui » t'appelle, ô Voyageur. Cher à la Divinité, je ne suis plus » soumis à l'empire de la mort. Libre encore du joug de l'hymen; semblable, par mon âge tendre, aux jeunes Dieux Amycléens sauveurs des nautoniers, et nautonier moi-même, je » passais ma vie errante sur les flots; mais dans ce tombeau, » que je dois à la piété de mes maîtres, je suis à l'abri des » maladies, du travail, des soucis et des angoisses : car, parmi » les vivants, toutes ces misères sont l'apanage de notre enveloppe grossière; les morts, au contraire, sont divisés en deux » classes, dont l'une retourne errer sur la terre, tandis que » l'autre va former des danses avec les corps célestes. C'est de » cette dernière milice que je fais partie, ayant eu le bonheur » de me ranger sous les bannières de la Divinité. »

(*Même provenance*).

575. — Inscription de Félicissimus.

Sur un cippe sépulcral de pierre, dite froide, découvert à Aix, en janvier 1839, dans l'ancien enclos du couvent des Minimes, on lit l'inscription en vers ci-après, que M. Rouard, bibliothécaire a restituée et traduite (*), et dont les caractères semblent appartenir au IIIe ou au IVe siècle de notre ère. On voit de plus sur un côté du monument le niveau *(libella)* et sur l'autre l'*ascia sépulcralis*.

(*) V. *Inscriptions en vers du Musée d'Aix*, où se trouve le fac-similé.

PAVLO SISTE GRADVM IVVENIS PIE QVAESO VIATOR
UT MEA PER TITVLVM NORIS SIC INVIDA FATA
UNO MINVS QVAM BIS DENOS EGO VIXI PER ANNOS
INTEGER INNOCVVS SEMPER PIA MENTE PROBATVS
QVI DOCILI LVSV IVVENVM BENE DOCTVS HABENIS
PVLCHER ET ILLE FVI VARIIS CIRCVMDATVS ARMIS
SAEPE FERAS LVSI MEDICVS TAMEN IS QVOQVE VIXI
ET COMES VRSARIS COMES HIS QVI VICTIMA SACRIS
CAEDERE SAEPE SOLENT ET QVI NOVO TEMPORE VERIS
FLORIBVS INTEXTIS REFOVENT SIMVLACRA DEORVM
NOMEN SI QVAERIS TITVLVS TIBI VERA FATETVR

SEX. IVL. FELICISSIMVS
SEX. IVLIVS FELIX
ALVMNO INCOMPAR*ABILI*
FELICITAS... .....

« Arrête un peu tes pas, je t'en prie, jeune et pieux voya-
» geur, afin que tu connaisses, par cette inscription, ma malheu-
» reuse destinée. J'ai vécu vingt années moins une, pur, innof-
» fensif, toujours d'une piété éprouvée; formé sans peine dans
» les écoles aux exercices de la jeunesse, j'ai été beau et ins-
» truit. Sous diverses armures j'ai combattu les animaux sau-
» vages, et cependant j'étais médecin. J'ai aussi vécu le collè-
» gue des *ursaires*, comme aussi le collègue de ceux qui
» frappent les victimes dans les sacrifices et qui au retour
» du printemps couronnent de guirlandes de fleurs les statues
» des dieux. Si tu veux connaître mon nom, l'inscription te
» dit la vérité.

» Sex. Jul. Félicissimus
» Sex. Julius Félix
» à son élève incomparable
» Félicité....... »

L'inscription continue sur la face latérale gauche du monument : c'est le même individu qui parle :

TV QVICVMQVE LEGIS TITVLVM FERALE SEPULTI
QVI FVERIM QVAE VOTA MIHI QVAE GLORIA DISCE
*B*IS DENOS VIXI DEILETIS MENSIBVS ANNOS
ET VIRTVTE POTENS ET PVLCHER FLORE IVVENTAE
VT QVI PRAEFERRER POPVLI LAVDANTIS AMORE
*QV*IT MEA DAMNA DOLES FATI NON VINCITVR ORDO
PROGENIES HOMINVM SIC SVNT VT *MITIA* POMA
QVAE MATVRA CADVNT AVT *IMMATVRA LE*GVNTVR

« Qui que tu sois, toi qui lis cette inscription sépulcrale,
» apprends qui j'ai été, quels furent mes vœux et ma gloire.
» J'ai vécu vingt ans moins quelques mois.
» Puissant par ma valeur et beau de tout l'éclat de la jeu-

» nesse, je l'emportais *sur mes rivaux* aux applaudissements » du peuple qui me chérissait. Pourquoi déplorer ma perte? » L'ordre du destin est immuable.

» Les enfants des hommes sont comme les fruits des arbres : » les uns tombent dans leur maturité ; les autres sont cueilis » avant le temps. »

(*Don de Madame la supérieure du couvent du Saint-Sacrement, par l'intermédiaire de M. Rouard, bibliothécaire*).

574. — Inscription de Dextrianus.

La dalle de marbre qui la porte a été découverte à Aix, vers 1765, dans le quartier des Minimes.

Cette inscription nous apprend que Dextrianus, d'une figure agréable, de mœurs pures, aimé de tout le monde, bon, prudent, pieux et chaste, a vécu vingt-deux ans, et qu'il est mort le 3 des nones de juin de la première indiction (*).

† INDOLIS HIC IACIT HEV †
ECCE SEPVLTVS
CVNCTIS KARVS EXOSVS
NON NISI MALIVOLIS
DEXTRIANVS NOMINE
VOCITATATVS IN VITA
NEC INMERITO NAM TVO
SIC MVNERE CRISTE
DEXTRIS TIBI NVNC FIDE
ADSISTIT IN AGNIS
AETERNVM SPERANS TE
DNE LARGIENTE DONVM
PRVDENTIA ERAT PRAEDITVS
FORMAQVE DECORVS
NON ALIVD VNQVAM HABVIT
NISI CVM BONITATE FIDEM
NEC DEFVIT ILLI ELIGANS
CVM VERECVNDIA PVDOR
BIS VNDENOS AEVI CONPLETIS
DVXIT MENSIBVS ANNOS
PVLCER ET INNOCVVS PIA
SEMPER MENTE PROBATVS
LVGEMVS TE MISERANDE PVER
QVIA BREVE OMNE QVOD BONVM EST
OBIIT E SAECVLO ASTRA PETENS
DIE TERTIVM NONAS IVNIAS
† QVOD EST INDICTIONE PRIMA †

(*Cabinet Saint-Vincens*).

(*) V. Millin, *Voyage dans les départements du Midi*, t. II. V. *Inscriptions en vers du Musée d'Aix*.

375. — Inscription d'Allius Verinus.

Elle est gravée sur un bloc de marbre cipolin qui a été utilisé postérieurement pour la construction d'un autre monument ; c'est ce qui explique la présence de trois blasons que l'on peut rapporter au XVIe siècle, et qui sont sculptés sur le parement opposé à celui de l'inscription.

L. ALLIVS	« L. Allius Verinus, fils de
VERI. F. PAP.	» Vérus, de la tribu Papia, dé-
VERINVS. DEC.	» curion, duumvir, flamine
IIVIR FLAM. AVG.	» d'Auguste dans la province
PROVINC. ALP. MAR. SIBI ET	» des Alpes-Maritimes, pour
FL. VALENTINI FIL. CASSIAE	» lui et pour Flavia Cassia,
VXORI PIISSIMAE DEF.	» fille de Fl. Valentinus, son
VLATTIAE. M. FIL.	» épouse très-pieuse, décédée ;
MARCELLAE SOCRVI	» Ulattia Marcella, fille de Mar-
OPTVMAE. V.	» cellus, son excellente belle-
L. ALLIO. AVITO. F. DEC. V.	» mère, vivante; L. Allius Avi-
L. ALLIO FLAVIANO F. V.	» tus, son fils, décurion, vivant;
ALLIAE AVITAE, FIL. V.	» L. Allius Flavianus, son fils,
	» vivant ; Allia Avita, sa fille,
	» vivante (*). »

(*Même provenance*).

376. — Monument funéraire de pierre dure, découvert à Aix au mois d'août 1804 ou 1806, dans des travaux de rabaissement du sol de la route d'Italie.

Il est couronné d'un tympan surmonté d'une antéfixe et flanqué d'oreilles. Il porte l'inscription suivante :

M. CAELIO FLORO	*A M. Cælius Florus*
IIIIII VIR AVG	*sextumvir d'Auguste*
CAELIAE RESTITVTAE M...	*A Cælia Restituta, mère de Florus*
VERECVNDO FRAT...	*A Verecundus, son frère,*
FLORAE *	*A Flora* sa sœur,
M. CAELIVS CLEMENS PATRONVS	*M. Cælius Clemens leur patron* (**)

(*Même provenance*).

377. — Inscription des trois Patrons de la colonie d'Aix.

Elle est sur marbre et a été découverte à Aix, de 1638 à

(*) V. *Voyage dans les départements du Midi*, par Millin, t. II.

(**) V. *ibidem*.

1643, par le comte d'Alais, gouverneur de Provence, près de la tour dite de l'Horloge (*)

Nous joignons la traduction au texte restitué, sauf les noms propres qu'il est impossible de suppléer (**)

.... *V*ERO LATICLAVIO
*Patrono colo*NIAE
.... *Primip*IL LEG VII. GEM. FEL
.... *Duumv*IRO PATRONO COL
.... *Primpi*L LEG VIII AVG.
.... *Patro*NO COLONIAE

« A .... Verus, laticlavius
» patron de la colonie
» ..... primipilus de la septième légion géminée heureuse
» A ..... duumvir, patron de la colonie
» A ..... primipilus de la légion huitième Auguste
» patron de la colonie (***). »

(*Même provenance*).

378. — Inscription sur pierre, dite froide, trouvée à Aix, en février 1572, auprès du sanctuaire de Notre-Dame-de-la-Seds, et transportée à l'Hôtel-de-Ville en 1779 où elle est restée jusqu'à ce jour.

Elle a été rapportée pour la première fois par Belleforest.

C. GEMINIO CENSORI	*A C. Geminius Censor.*
L. GEMINIO MESSIO	*A L. Geminius Messius*
M. GEMINIVS NASICA	*M. Geminius Nasica*
FRATRIBVS	*à ses frères.*

(*) V. au numéro 354.

(**) « Cette inscription fait mention de trois Patrons de la » colonie d'Aix.

» Le premier avait été Laticlave et Primipile, c'est-à-dire » premier centurion de la légion *septima germina*. On sait que » les empereurs accordaient souvent le droit de porter le lati- » clave aux premiers magistrats des colonies. (*L'insigne appelé Laticlave consistait en une large bande d'ornement de couleur pourpre sur fond blanc, qui était posée sur le devant de la tunique, dans la direction verticale*).

» Le second avait été duumvir de la colonie. On doit sup- » pléer à ce qui reste de la quatrième ligne de l'inscription, et » lire II VIRO. Il est naturel de penser que le patron de la colo- » nie en a occupé la magistrature la plus honorable.

» Le dernier avait été Primipile de la légion *Octava Au-* » *gusta*. » — (Notice de Saint-Vincens).

(***) V. Millin. *Voyage dans les départements du Midi*, t. II.

379. — Inscription sur pierre froide, décoverte à Aix, en décembre 1843, dans l'ancien enclos des Minimes.

L, POMPEIO VITALI
D
POMPEIAE BANONAE
LIB. PIISSIMAE

Le sigle D offre quelques ambiguités pour l'explication de ce texte (*).

380. — On lit sur une pierre calcaire dure.

D. M.
C. VERATI C. FIL. PAL. PATERN.
EQVITIS ROM. FLAM. AVG.
C. VERATIVS THREPTION
FILIO PIISSIMO.

381. — Autre inscription sur pierre calcaire dure.

SEX. ACVTIVS VOL.
AQVILA PRAETOR
ACVTO PATRI
INGENVAE MATRI
SEVERAE SORORI
RVFO FRATRI
H. M. H. N. S.

382. — Autre sur pierre blanche.

SEX. AEMILIO. PAVLLO. PATRI
AEMILIAE Q. F. REGILLÆ. MATRI
SEX. AEMIL. PAVLLINO FRATRI
T. AEMIL. BVRRO FRATRI
C. AEMIL. VASTVS
SVIS

« A Sextus Æmilius Paullus, son père,
» A Æmilia Regilla, fille de Quintus, sa mère,
» A Sextus Æmilius Paullinus, son frère,
» A T. Æmilius Burrus, son frére.
» C Æmilius Vastus
» Aux siens. »

(*Cabinet Saint-Vincens*).

(*) V. le rapport sur les fouilles d'antiquités faites à Aix en 1843 et 1844, par M. Rouard, bibliothécaire

583. — On lit encore sur pierre blanche.

CORNELIO SI
.
FIRMAE .
PHILOXSENI F .
M. CORNELIO .
AQVILONI V. .

(Même provenance)

584. — Cippe funéraire (molasse coquillière).

« Les caractères de cette inscription, dit Millin, sont du bas » temps ; il faut probablement la lire ainsi. »

D. M
COR. EYTYCHIAE

(Même provenance).

585. — On lit sur une dalle de pierre tendre.

A. CORNELIO
M. F. KANO
TERTIA VXOR

(Même provenance).

586. — Sur pierre calcaire dure.

SEX CALAVIO.....
PASTORI IIII.I VIR.....
CORNELIAE AN.....

587. — Fragment d'inscription découvert à Aix le 4 octobre 1843, dans une maison, au quartier des Bagniers.

C. I......	*Caio Julio ?*
L. F. VOLT	*Lucii Filio Voltiniâ* (tribu)
AVITO	*Avito*
T. IVLIVS	*Titus Julius*
NATALI.....	*Natalis* (*)

588. — Fragment de marbre trouvé près d'Aix en 1796, sur le petit chemin du Tholonet.

... .INCRVSTA......
.....D ET HOROLOG.
.....RNAVIT ADITVM
.....VIMENT CVM...

(*) V. Rapport sur les fouilles d'antiquité de 1843-1844, par M. Rouard, bibliothécaire.

Cette inscription rappèle le bienfait d'un particulier qui avait fait placer une horloge dans un lieu public, dont il fit incruster les murailles et paver le vestibule (*).

(*Cabinet Saint-Vincens*).

389. — Fragment d'inscription sur marbre.

........INDEX
....G. ET. LE
.....LEGIONIS
...IVSSIT SIBI
........FRATRI
........PATRI
........MATRI

(*Même provenance*).

390. — Autre sur pierre.

....
.....AEDIL PRAEF PRO $\overline{II}$ VIR
SIBI ET ....

(*Même provenance*).

391. — Sur marbre.

...IS
...NIBVS

392. — Sur pierre.

QVAESTV......
PRAET .. ..
CVRATOR ... .
AVEN......
PATR......

(*Même provenance*).

393. Sur pierre.

POMPEIA
COMPE....
SIBI ET II FI D
...... V F
....

(*Même provenance*)

(*) V. un mémoire de Saint-Vincens. *Mémoires de l'Académie d'Aix*, t. 1.

394. — Sur un fragment de pierre froide découvert à Aix dans les fouilles de l'ancien enclos des Minimes, en janvier 1844, on lit en grands et beaux caractères :

. . . PINAR . . .
. . . TI . . . . . .

395. — Inscription sur marbre, de Marcellinus.

Le défunt, en costume de guerre, y est représenté en bas-relief.

D. M.
VAL MARCELLINVS
MIL. COH. I. PL. P. V
IASCLEPI STIP XII VIXIT
ANNIS XXXI
AVR AEMILIANVS
COMMAMIIVLVS
ET CVRATOR CORPORIS
IPSIVS BENE MERENTI POPVT
(posuit)

396. — Sur marbre.

Q VETTIVS
COHORT. VI

397 — Sur marbre.

D M
Q MATERNI
MARCINI
MATERNIA
GRATA
PATRI
PIENTISSIMO

(Cabinet Saint-Vincens)

398. — Inscription chrétienne, comme le prouve le monogramme du Christ que l'on y voit au bas (marbre).

D M S DEFVNCTVS EST CAPREOLVS VIXIT ANNOS IIII M ENSES II DIES III HORAS IIII PATER FECIT	« Capréolus est mort : il » a vécu quatre années, » deux mois, trois jours » et quatre heures. Son » père lui a consacré cette » inscription. »

(Même provenance).

399. — Sur marbre.

ΑΚΙΛΙΣ	« Acilis Epaphroditus
ΕΠΑΦΡΟΔΙΤΟΣ	» est mort à quarante
L M̄	» ans. »

(Même provenance).

400. — Sur marbre.

TVRRANIAE TELE
SINAE VXORI. TIMIV
RANIVS PARATVS

(Même provenance).

401. — Sur marbre.

OSSA. IVLI. AVG
VSTI. L. LOCHI
QVINTILIANI

(Même provenance),

402. — Sur marbre.

D . M	*Diis manibus.*
C CENICILIO CEIO	*C. Cenicilio Ceiorino*
RINO V A XIIX MEN	*(qui) vixit annos* XIIX (18),
SEX II D XXII GENIVS	*mens's* II, *dies* XXII.
M. BIANDA BEN ME F	*Genius. M. Bianda*
	bene merenti fecerunt

(Même provenance)

403. — Sur marbre.

MVSES ✱ VIX ✱
ANN ✱ X̄X̄ ✱

(Meme provenance).

404 — Sur marbre.

Cette inscription est accompagnée de *l'ascia sépulcralis (sub ascia dedicata)*

D M	« Aux dieux manes
VINCENTIO	» A Vincentius
Q VIXIT. ANNI	» qui vécut neuf ans
S VIIII. M. III. MAT	» et trois mois
EI INFELICISSIMA	» sa très-malheureuse mère
	» *(matei* pour *mater).* »

(Même provenance).

405. — Sur marbre.

D. M.
MEMIAE ROMANA
E PATRONAE. B. M.
MEMMIO TLESIMI
ANO F SVO QVI VXI
...NI XXII

(*Même provenance*.

406. — Sur marbre.

ΓΑΙΑΝ .....
ΠΗΕΝ.....
ΔΟΥΛΗΧ.....
ΑΜΕΝΙΤΟ.....
ΡΑΝΙΟΝ ΙΓΟ.....

(*Même provenance*).

407. — Sur marbre.

SEX VIBIDIVS
SEX. LAPIVS FRATER
CHRYSARIONIS
....IBIDIA CHRESTE M....
APTI ET. CHR....

(*Même provenance*).

408. — Inscription sur un galet.

M IVNIO CASTRENSI
ET M IVNIO PRIMO

409.—Inscription commémorative du huitième agrandissement de la ville d'Aix, comprenant le quartier de Villeverte, commencé en 1605 par Joseph Bonfils, lieutenant-général civil à la Sénéchaussée d'Aix, lieutenant-général criminel et juge royal de la même ville (*).

HENRICI IIII P. P. M....
GALLOR. REG. CHRISTIANISS. N....
AVSPICIIS PERMISSVQ
IOSEPH BONFILZ AQVAR. SEXTIAR. .
VRBEM HANC PATRIAM SVAM AP....

(*) V. Roux-Alphéran, *Les Rues d'Aix*, t. II

PED. MCCC. LXX ANGVLO AVX.....
ADAMVS FIL. SVCCESSORQ. PERFE....
CHRISTIAN. MCCCCCCX....
SVIS SVMPT.
REGNANTE LVDOVICO XIII
REGE CHIS——————TIANISSIM....

410. — Fragment d'inscription arabe sur marbre restée jusqu'à aujourd'hui indéchiffrée (*).

(Cabinet Saint-Vincens).

411. — Empreinte d'une inscription arabe dont l'original fut rapporté d'Afrique par un marchand de Marseille qui le destinait à Peiresc.

Ce monument, possédé en dernier lieu par M. Porte, a été traduit par M. de Sacy, de l'Institut, de la manière suivante :

« Au nom du Dieu clément et miséricordieux. Que Dieu soit » propice au prophète Mahomet et à sa race, et qu'il leur ac- » corde le salut (**)! *Toute âme* (toute personne) *éprouvera la* » *mort ; mais vous recevrez le salaire qui vous sera dû au* » *jour de la résurection. Celui-là sera bien heureux qui sera* » *écarté du feu et introduit dans le paradis.* C'est ici la sé- » pulture de Hadji Thabet, fils d'Abdalrahim, mort dans la » première décade du mois de Djoumada premier, l'an 585 « (1189 de J.-C.) »

(*) La substance noire dont sont enduits les caractères est de l'encre d'imprimerie que Millin y fit appliquer pour en prendre l'empreinte.

(**) Ce qui est en lettres italiques est un passage du Coran qui fait ordinairement partie des inscriptions sépulcrales. V. *Voyage dans les départements du Midi*, par Millin, t. II.

MÉLANGES.

OUVRAGES FIGULINS. – ART CÉRAMIQUE.

Le cabinet du président Fauris de Saint-Vincens, d'où sont sortis plusieurs objets d'art et d'antiquité mentionnés ci-dessus, a surtout fourni au Musée d'Aix le plus grand nombre des pièces dont la description fait le sujet de cette partie de notre catalogue, aussi indiquerons-nous seulement ici les provenances étrangères à cette collection.

412. — Têtes funéraires employées par les étrusques à la décoration intérieure des sépultures.

413. — Offrandes votives (*donaria*).

Elles étaient offertes aux dieux par ceux qui attribuaient à leur intervention la guérison de maux dont étaient atteintes les parties de leurs corps qu'elles représentent.

414. — Pénates, dieux larres, etc.

415. — Cinéraire de l'ancienne Etrurie.

On y voit représenté en bas-relief peint les deux fils d'Œdipe, Etéocle et Polynice, se battant entre deux furies. La figure entièrement couchée, dont est orné le couvercle, nous apprend que ce monument contenait les cendres d'une femme (*).

416. — Autre cinéraire où est figurée la danse des Lacédémoniens.

L'homme dont les cendres y étaient renfermées, est représenté sur le dessus, à demi couché et tenant une patère.

(*Cabinet Sallier*).

(*) V. Millin, *Voyage dans les départements du Midi*, t. II

417. — Vase funéraire dit canope, en albâtre, avec son couvercle qui représente la tête du génie Kebhsnïw, fils d'Osiris (*). (Art égyptien, époque saïte ou postérieure).

On lit par devant cinq colonnes d'hiéroglyphes qui contiennent une des formules qu'on rencontre le plus habituellement sur ce genre de monument et dans laquelle la déesse Isis est censée s'adresser elle-même au génie Amsta, l'un des protecteurs des viscères du défunt figuré par le vase qui servait à en contenir une partie. Le défunt nommé sur celui-ci *Newer-Ke*, fils d'une femme appelée *Artourou*, portait plusieurs titres sacerdotaux, parmi lesquels on distingue celui de *Prophète de Sokari*, l'une des formes du dieu Ptah.

(Même provenance).

418. — Couvercle d'une canope, en pierre blanche, représentant la tête du génie Amsta (ou Amset), fils d'Osiris. (Même origine que le précédent).

(Même provenance)

419. — Vase de terre brune, grossièrement travaillé; forme ovoïde à large ouverture, sans anses, couvercle bombé, orné d'un chacal couché, animal sacré d'Anubis, le dieu gardien des sépultures. (Même origine que les précédents).

Cet objet qui était certainement destiné à un usage funéraire, est enduit d'une légère couche de blanc sur laquelle a été tracée en noir la figure d'Osiris, assis devant son symbole le *tat* à bras humains tenant à droite et à gauche le sceptre *t'âm*; le tout entre les quatre génies funèbres fils de ce dieu : Amsta et Hâpi d'un côté, Teumautw et Kebhsnïw de l'autre.

420. — Urne cinéraire en pierre ollaire, trouvée à Brignolle.

En publiant ce monument, Montfaucon a relaté qu'il était possédé de son temps par Albert Duchesne, président à mortier au parlement de Provence. Les caractères gravés en creux de l'inscription que l'on y lit, devaient être, dans le principe, incrustés de métal ou de toute autre matière étrangère.

(*) Le couvercle de ce vase a été changé ; il devait en avoir un à tête humaine.

DIS MANIBVS TAETANIAE caii filiæ PACATAE	*Aux dieux manes,* *A Tœtania Pacata* *Fille de Caius* (*).

421. — | **422.** — | **423.** — Les trois urnes cinéraires que nous mentionnons ici collectivement, conservées jusqu'à ce jour à la bibliothèque Méjanes, ont été trouvées à Aix dans la tour antique dite de l'Horloge(**), pendant la démolition de ce monument.

La première (421), de marbre blanc, fut découverte en 1778 dans le noyau de l'escalier; elle contient encore des ossements.

La seconde (422), également de marbre, et renfermant aussi des cendres, fut trouvée vers le milieu de la Tour.

Enfin le 9 août 1786, on exhuma, vers la base du monument, la troisième (423), qui était encaissée dans une auge de pierre (*pila, arca lapidea*); dont le couvercle était plombé et fixé par quatre crampons de fer. Cette dernière urne, qui est de porphyre, contenait, outre des ossements, deux bagues d'or, portant l'une une émeraude, l'autre une agate-onyx, et deux médailles l'une d'argent, de Trajan, l'autre, grand bronze, d'Ælius Vérus; on trouva aussi, dans un coin de la pile où était l'urne, une *bulle* d'or remplie d'une matière humide ou de cendres de différentes couleurs, qu'on conjectura être celles d'un cœur (***).

424. — Urne cinéraire d'albâtre.

(*Cabinet Sallier*).

425. — Vases cinéraires (*ollæ ossuariæ*), avec couvercles, que l'on employait pour enfermer les cendres des personnes de condition inférieure.

(*Même provenance*).

426. — Vase analogue aux précédents.

(*) V. *L'Antiquité expliquée* par Dom. Bernard de Montfaucon, bénédictin de Saint-Maur, t. v du supplément.

(**) V. au n° 354.

(***) Ces derniers objets font aujourd'hui partie du cabinet des antiques de la Bibliothèque impériale. L'urne qui les contenait fut, l'an v (1797), offerte au Directoire; M. Sallier, maire d'Aix, en obtint la restitution en 1805. V. *Lettre sur les tours antiques qu'on a démolies à Aix, etc.*, par A.-E. Gibelin. — V. *Notice sur la Bibliothèque d'Aix*, par E. Rouard, bibliothécaire.

427. — Vases cinéraires de verre.

(*Cabinet Sallier*).

427*bis*. — Ossuaires de plomb dans lesquels étaient enfermés des vases de verre semblables à ceux qui sont mentionnés ci-dessus.

428. — Fioles à parfums (verre) d'un usage funéraire, vulgairement connues sous le nom de *lacrymatoires*.

(*Même provenance*).

429. — Petit vase plat en verre.

430. — Vases d'albâtre à parfums ou à médicaments (*unguentarii*)

Ils semblent appartenir à l'art d'Egypte.

(*Cabinet Sallier*).

431. — Petit vase en porphyre, de forme ovoïde.

432. — Grands vases grecs, connus dans les arts sous le nom d'*Etrusques*.

On les découvre ordinairement dans l'intérieur des tombeaux.

433. — Lampes (*lucernæ fictiles*).

Les lampes dont on attribue l'invention aux Egyptiens, principalement, parce que leur forme rappelle celle de la barque sacrée d'Isis, peuvent être rangées parmi les débris que l'antiquité nous a laissés en plus grand nombre.

On y distingue plusieurs parties :

1° La cuve ;

2° Le disque, percé ordinairement d'un orifice destiné à verser l'huile dans l'intérieur de la lampe et à y laisser pénétrer l'air ;

3° L'anse ;

4° Le bec (*myxa*) qui portait le lumignon.

Elles sont souvent ornées d'un motif d'ornement appliqué à l'emploi que l'on en faisait pour les besoins de la vie domestique ou pour des usages sacrés et funéraires ; on en trouve aussi fréquemment qui sont accompagnées d'inscriptions placées au-dessous de la cuve : ces inscriptions indiquent ordinairement le nom du propriétaire de la lampe ou celui du potier et de sa fabrique.

On peut remarquer dans la nombreuse collection du Musée d'Aix, quelques lampes rapportées d'Egypte, plusieurs spécimens de la lampe à deux becs (*lucerna bilychnis*) et sur des lampes chrétiennes, l'image du poisson, symbole mystique du Christ assimilé au poisson que prit le jeune Tobie dans le Tigre (*)

(Plusieurs de ces lampes proviennent du cabinet Sallier)

434. — Débris divers.

On voit parmi eux, des fragments de lampes, et une pièce d'un moule (*forma*) servant sans doute à couler des perles de verre.

435. — Grand vaisseau de poterie (*dolium*), destiné à conserver en masse le vin ou tout autre denrée.

(*Don de MM. Magnan*, 1849).

436. — Amphores dont le principal usage était de tenir le vin en réserve.

Ces vases ont été trouvés à Entremont, près d'Aix ou dans les environs de la ville, sauf toutefois l'un d'entre eux qui a été retiré de la mer après un long séjour, comme l'indiquent fort bien les coquillages que l'on y voit agglutinés.

(*Une de ces pièces provient du cabinet Sallier*).

437. — Vase à transporter l'eau (*urna*), répondant à la cruche moderne.

438. — Vases divers de petites dimensions.

Les vases étaient très-répandus chez les anciens, ils étaient affectés par eux à de nombreux usages domestiques, servaient à faire des présents, figuraient dans les repas et les sacrifices, et après avoir contribué aux délices des vivants, faisaient partie des honneurs rendus aux morts, car ils avaient aussi leurs places dans les funérailles.

On voit dans cette série, que nous avons dû renoncer à décrire en détail, plusieurs vases appartenant à l'art grec, improprement appelés *étrusques* et reconnaissables à des peintures qui leur sont d'ailleurs toutes particulières (**). On en remarque

(*) Le poisson avait aussi pour les premiers chrétiens une autre signification : en prenant séparément chacune des lettres dont se compose le nom grec de cet animal : ICHTHYS, ils en avaient fait les initiales des mots suivants : *Jésous Christos Theiou Yios Soter*, c.-à-d. *Jésus-Christ, fils de Dieu, sauveur*.

(**) Un de ces vases, en terre de Nola, désigné par la lettre A a été publié par Millin. V. *Voyage dans les départements du Midi*. t. II. et Atlas.

d'autres qui par leur forme sphéroïde, peuvent recevoir le nom générique d'*ampoules* (*ampullæ*). Certains appartiennent à la forme appelée *nasiterne* par quelques antiquaires, à cause du gouleau à triple échancrure. Enfin l'un d'entre eux (A) offre de particulier, qu'il est empâté d'une matière vitrifiée dans laquelle il se sera trouvé plongé, probablement pendant un incendie.

Quant à l'usage de ces vases : quelques-uns étaient destinés à contenir des liquides précieux et peuvent à ce titre être classés parmi les *unguentarii*. Les vases cyligoreins, ou vases à boire, offrent des spécimens du *calix* (B), et du *scyphus* (C). La série des vases plats, dont on usait surtout à table, renferme des salières (D) (*salina*) et deux bassins (E), dans lesquels on peut reconnaître deux *patinæ*. Ces deux dernières pièces, en terre rouge, sont richement décorées : sur l'une d'elle est figurée une course de divers animaux : elles proviennent des fouilles d'antiquités faites à Aix, en 1841, dans l'enclos Milhaud (*).

(Une grande partie de ces vases est sortie du cabinet Sallier).

439. — Vase sarrazin d'un usage analogue à ceux du *dolium* et de l'*amphora*.

440. — Vases arabes, alcarrazas.

(*) V. Rapport sur les fouilles d'antiquités qui ont été faites à Aix, dans les premiers mois de 1841.

MENUS OBJETS. — ICONOLOGIE.

Nous avons cru devoir subdiviser cet article en deux parties pour soumettre à un classement plus rationel tous les objets dont la description en fait le sujet.

Dans la première partie sont rangées ensemble et décrites successivement, des pièces appartenant à l'*Antiquité* proprement dite. Nous avons placé en tête celles qui sont d'origine égyptienne ; viennent ensuite de nombreuses figurines dont plusieurs sont des images de divinités payennes, telles qu'on en conservait dans les laraires, puis des bronzes ornés pour applique, des ustensiles divers et enfin quelques-uns de ces objets de toilette qui composaient surtout ce que les anciens nommaient le *mundus muliebris*

La seconde partie est consacrée à des médailles, à des sceaux, à quelques armes etc. qui sont des ouvrages plus récents. Nous les décrivons sous le titre de *Moyen-Age et époques postérieures*.

ANTIQUITÉ.

441. — Stèle de bois peint.

En haut le disque ailé; au-dessous, une barque sacrée portant un *naos* et dont les deux extrémités sont ornées d'une tête d'épervier surmontée d'un disque; plus bas, un *naos* et de chaque côté cinq vases ou amphores arrondies par la base et placées sur un support semblable à ceux qui sont encore en usage en Egypte ; en bas, une femme agenouillée, dans l'attitude de l'adoration et tenant une sorte de sistre de la main droite. Devant elle, on voit les restes d'un texte hiéroglyphique.

442. — Statuettes d'Osiris, (bronze).

Ce dieu debout, en gaine, tient le *pedum* et le *flagellum* : sa tête est surmontée de la coiffure *atew*.

443. — Statuettes d'Isis allaitant Horus, (bronze).

Cette déesse, sœur et épouse d'Osiris, a la tête surmontée de deux cornes de vache qui soutiennent un disque ; le jeune dieu est coiffé d'une tresse sur le côté, symbole de l'enfance.

(Un de ces bronzes provient du cabinet Sallier).

444. — Jeune dieu debout, en marche, portant l'index de sa main droite à sa bouche (bronze).

La tête est surmontée d'une variante de la coiffure *ateu*.

445. — Le dieu Chons enfant, à demi assis (bronze).

La partie supérieure de sa coiffure, composée de deux longues plumes droites, a disparu.

446.— Le dieu Ptah, debout, en gaîne, forme habituelle.

Ce bronze est tronqué par le bas.

447.— Amset ou Amsta (bronze).

Le premier des quatre génies funéraires, fils d'Osiris, debout, en gaîne.

448. — Hâpi, ou le bœuf Apis, taureau sacré de Memphis (bronze).

449. — Chatte accroupie, animal sacré de Pacht ou Bast, déesse de Memphis et de Bubastis (bronze).

450. — Eperviers, symboles d'Horus (bronze).

451.— Figurines funéraires de terre émaillée et de terre cuite (*).

Ces figurines qui portent ordinairement une prière extraite du grand rituel funéraire et le nom d'un personnage défunt, étaient déposées en grand nombre dans les tombeaux.

452. — Etui à collyres en bois, portant un opercule tournant en ivoire et un fond de même matière.

Il est percé de cinq trous propres à contenir différentes substances à l'usage de la toilette, et muni, sur le devant, d'une rai-

---

(*) Il est excessivement rare d'en trouver en bronze : le Musée d'Aix en possède une de cette matière, qui malheureusement est d'une authenticité suspecte.

nure longitudinale où devait se loger un style arrondi par le bout, pour se peindre les paupières, comme le font encore les Arabes ; ce petit instrument, quand il était introduit dans la rainure, servait aussi à maintenir le couvercle fermé.

453. — Image phallique en os.

454. — Tresse de cheveux et chaussure provenant d'une momie.

(Cabinet Sallier).

455. — Œil d'émail, détaché d'un cercueil de momie, et autres objets de même matière.

456. — Divinité étrangère à l'Egypte que l'on suppose babylonienne (bronze).

On connaît un certain nombre de figures analogues à celle-ci qui ont été trouvées en Egypte, mais toutes en terre cuite ou en bois.

457. — Tête de pierre portant des caractères runiques

458. — Lame de plomb, avec caractères grecs, provenant d'une sépulture.

459. — Jupiter assis armé du foudre (bronze).

460. — Buste de Jupiter (bronze).

Ce bronze d'origine antique a été décapé.

461. — Buste de Serapis (bronze).

Il est reconnaissable au boisseau *(modium)* qu'il porte sur la tête.

462. — Bacchus (bronze).

463. — Apollon (bronze).

464. — Buste du Soleil (bronze).

465. — Mercure (bronze).

On le voit figuré de diverses manières ; ici il tient une bourse, là il porte le caducée. Une de ces images est en plomb, elle représente le dieu en hermès, c'est-à-dire sous sa forme première

466. — Vénus (bronze).

On remarque parmi les images de cette divinité, une représentation de Vénus gauloise et un petit bronze, retiré du port de Marseille, vers la fin du siècle dernier (*) qui est une personnification de Vénus sortant du sein de la mer, forme donnée à cette déesse avec le surnom d'Anadyomène.

« Venus madidas exprimit imbre comas. »
(OVIDE).

467. — Buste de Pan (bronze).

468. — Buste de Silène (bronze).

469. — Hercule (bronze).

470. — Harpocrate, dieu du silence (bronze).

471. — La Concorde assise (bronze).

472. — Atlas soutenant le globe céleste sur ses épaules.
Bronze trouvé dans le port de Marseille en 1790 (**).

473. — Buste de Sabine (bronze).

474. — Buste Faustine (bronze).

475. — Têtes géminées (bronze).

476. — Buste d'un inconnu (bronze).

477. — Tête de femme inconnue (bronze).

478. — Figure héroïque mutilée (bronze).

479. — Personnage scénique (bronze).

480. — Danseur (bronze).

481. — Vestale (bronze).

482. — Figures que Saint-Vincens donne comme type du costume des premiers habitants de Marseille (***) (bronze).

(*) V. La Notice sur Saint-Vincens.
(**) V. ibidem.
(***) V. ibidem.

483. — Figures diverses (bronze).

Quelques-unes semblent d'origine gauloise, d'autres paraissent être américaines.

484. — Tête d'Ammon avec yeux montés en argent (bronze).

485. — Têtes humaines (bronze).

486. — Tête de chien (bronze).

487. — Tête de bélier (bronze).

488. — Chimère (bronze).

489. — Lion (bronze).

490. — Panthère (bronze).

491. — Bélier (bronze).

492. — Bouc (bronze).

493. — Harpies (bronze).

494. — Animaux divers (bronze).

495. — Lampe à sept becs (*lucerna polymyxos*) posée sur un pied portatif (*candelabrum*).

Cet objet, qui mesure 1^{m} 60^{c} de hauteur, est décoré avec une grande recherche. Il est en bronze, le fût *(scapus)* est renforcé d'une âme de fer.

496. — Lampe à deux becs (bronze), suspendue à une chaîne (*lucerna bilychnis, pensilis*).

497. — Lampe à deux becs (bronze).

En observant le peu d'utilité que l'on pouvait retirer de cette lampe, vu son extrême exiguité, on peut supposer qu'elle servait de jouet à un enfant, on a de nombreux exemples pour appuyer cette conjecture.

498. — Candelabre dont la lampe fixe est supportée par un satyre (bronze).

499. — Socle bas à quatre pieds, destiné à supporter une lampe (*candelabrum humile*) (bronze).

500. — Patère (bronze).

Ce vase était particulièrement employé pour faire des libations.

501. — Simpulum (bronze).

Cuiller servant dans les sacrifices à puiser dans les cratères ou dans tout autres vases libatoires, le vin destiné aux libations.

502. — Boîte à encens ayant la forme d'un crabe, (bronze).

503. — Peson (*statera*) (bronze).

Cet instrument répond à celui que nous désignons par le nom de *romaine*; son poid (*æquipondium*) a la figure d'un buste à tête laurée.

504. — Poids de balance en pierre noire, de différentes valeurs.

On y voit, marquée par des points, la quantité qu'ils représentent.

505. — Clefs (bronze et fer).

Celles désignées par un A appartiennent à la forme dite *laconica*.

506. — Spécimens divers en bronze du *tintinnabulum* (clochette).

507. — Paire de cymbales (*cymbalum*) (bronze).

508. — Grand anneau de bronze, garni de six nœuds placés à intervalles égaux.

On présume qu'il faisait partie des cestes dont les pugilateurs garnissaient leurs poings et leurs avant-bras.

509. — Hachette.

510. — Lame de couteau.

511. — Douilles de bronze munies de pointes dont on garnissait les bâtons qui servaient à frapper les esclaves ou les animaux.

512. — Sceau de potier en fer, de forme ronde.

On y lit :

† ΠΡΟ
ΚΟΠΙΩ
ΠΑΤΡΙ
ΚΙΩ †

513. — Autre sceau oblong en bronze.

C POMPON.
FLAVINIAN.

514. — Tessères.

Les tessères servaient chez les Romains à constater un droit acquis par ceux qui en étaient porteurs : ainsi on les distribuait au peuple pour entrer au théâtre, pour participer à quelque largesse faite par des grands personnages, etc...

On en fabriquait de diverses matières : celles que l'on voit au Musée d'Aix sont en terre et en os: on remarque parmi ces dernières une tessère appartenant à celles que l'on donnait aux gladiateurs : elle a la forme d'un cube prolongé et porte sur ses faces l'inscription suivante.

HERMIA SP*ectatus* AD XV K*alendarum* DEC*embris* Q. FVF. P. VAT.

« Elle a été donnée à Hermia en témoignage de ce qu'il a » paru dans les spectacles du 15 décembre, sous les consulats » de Q. FVF. et de P. VAT. (*) »

515. — Sifflets en os dont on croit que le peuple usait au théâtre.

On en découvre souvent dans le terroir d'Aix, en même temps que des défenses de sangliers ornées quelquefois de gravures.

516 — Intailles sur lapis-lazuli.

517. — Disque en os pour applique.

518. — Tête de femme en ambre.

519. — Pointes de flèches celtiques en silex.

520. — Couvercles de miroirs, en métal.

(*Cabinet Sallier*).

(*) V. *Voyage dans les départements du Midi.*

521. — Bracelet (*armilla*) (bronze).

On en donnait souvent de semblables aux soldats romains comme décoration, en récompense de leur bravoure.

522. — Anneau de jambe (bronze).

523. — Anneaux de doigts (bronze et fer).

524. — Boucles d'oreilles (or et pierreries).

525. — Fibules (bronze).

Agrafes ou broches employées pour attacher différents vêtements.

526. — Image phallique ailée, sur jambes (bronze).

Cet objet se portait, ainsi que le suivant, suspendu au cou, en forme de *bulla* : il est considéré comme un symbole des trois âges de la vie; la partie postérieure qui indiquait la vieillesse a été brisée.

527. — Croix ansée (bronze).

Symbole de l'année partagée en trois saisons; la main fermée qui laisse passer le pouce entre l'index et le médius représente le printemps : le côté opposé l'été, et le signe du milieu l'hiver.

528. — Epingles, aiguilles, passe-lacets, crochets pour la toilette des ongles, etc. (bronze et os).

529. — Ardillon (bronze).

530. — Pendeloques (bronze), telles qu'on en attachait souvent aux phalères.

531. — Coquille contenant une solution de couleur rouge.

532. — Tige de fer et débris divers de métal provenant en grande partie des fouilles d'antiquité faites à Aix.

533. — Nous ne voulons pas clore cette liste de menus objets d'origine antique sans dire un mot, seulement pour être complet, des médailles découvertes dans les fouilles d'antiquité qui ont été faites à Aix à plusieurs reprises. Le lecteur trouvera à la suite de chacun des trois rapports, publiés sur ces fouilles par M. Rouard, bibliothécaire, des notices spéciales sur ces médailles rédigées par M. le marquis de Lagoy :

nous nous bornerons à rappeler ici que si cette petite collection n'offre rien de curieux pour la numismatique, elle a un intérêt qui se rattache aux lieux mêmes où ont été découverts les objets qui la composent (*).

534. — Tête de squelette humain, provenant d'une sépulture gallo-romaine.

(*Cabinet Sallier*).

MOYEN-AGE ET ÉPOQUES POSTÉRIEURES.

535. — Christ en bois (mutilé).

Ouvrage florentin.
(Don de M. le docteur Arnaud).

536. — Vierge en porcelaine du Japon (mutilé).

537. — Figurines chrétiennes, ou imitées de l'antique, etc. (bronze).

538. — Médaillon d'albâtre du roi Réné, signé au revers *Pierre de Milan* 1461 (**).

539. — Portrait gravé au burin sur nacre de *messire Louis Duchaine, chevallier, conseiller du roy en ses conseils, II président en Provence,* représenté à l'âge de 70 ans.

540. — Tête à couronne radiée (relief sur pierre).

541. — Copie en cire d'après l'antique (camée).

542. — Collection métallique.

1. — Bronze de grand module représentant : à la face Jean de Matheron, embassadeur à Rome pour les rois Réné et Louis XII, mort en 1493. « *Io Matharom. d. Desalignaco. eques. juriu.* » *doctor. comes. pallatini.* » Au revers, le même personnage en pied « *magnus. in. provincia. presidens. consillia. canbellanus regius.* (***) »

(*) Citons cependant, parmi ces trouvailles, une pièce d'un moule monétaire en terre cuite, découverte en 1842. On y lit d'un côté : SEVERVS PIVS AVG, et de l'autre, P. M. TR. P. COS. III. P. P.

(**) V. à la suite de la notice sur Saint-Vincens.

(***) V. ibidem.

2. — Bronze de très-grand module. Sur la face, l'effigie de Louis XII « *Felice. Ludovico. regnante duodecimo. Cesare.* » *altero. gaudet. omnis. nacio.* » Au revers, Anne de Bretagne « *Lugdunum. re. publica. gaudente bis Anna. regnante. be-* » *nigne. sic. fui. conflata.* 1499. »

3. — Bronze, grand module. Face « *Divi. Ludovici duode-* » *cimi. Francorum. regis. christianissimi. sacra effigies.* « Revers aux armes de Paris, « *Beata. res. publica. cujus. prin-* » *ceps. sapiens. dominatur.* »

4. — Médaillon à l'effigie de Charles d'Angoulême. « *Carol.* » *Engolis. dux annorum.* 14. 1535. » (bronze).

5. — Auguste de Saxe, 1548 (argent, moyen module).

6. — François Ier. — Charles-Quint (plombs).

7. — François Ier. Au revers, La Salamandre.

8. — Henri II, 1552 (bronze doré, moyen module).

9. — Le connétable Anne de Montmorency (bronze).

10. — Charles IX. Au revers, Catherine de Médicis et Henri II (bronze petit module).

11. — Henri III, 1588 (bronze doré, moyen module).

12. — Henri IV et Marie de Médicis, 1603, signé *G Dupré* (bronze doré, grand module).

13. — Matrice fondue en bronze de l'effigie précédente.

14. — Louis XIII enfant (bronze, petit module).

15. — Louis XIII, 1623 (bronze, grand module).

16. — Richelieu (bronze, grand module), signé *Warin*, 1630.

17. — Louis XIV enfant. Au revers, Anne d'Autriche, 1642. (bronze, petit module).

18. — Mazarin, 1659 (bronze doré, grand module).

19. — Louis XIV, 1663 (bronze doré, grand module).

20. — Le chancelier Seguier, 1663. — Pierre Gyron (bronzes dorés) Pierre de Maridat. — Olivier Cromwel, 1658 (argent). — Médailles diverses.

31. — Le cavalier Laurent Bernini, architecte, 1673

22. — Urbain VIII, 1643, signé *G. M.* (argent, petit module).

23. — Innocent XI, signé *I. Hameranus* (argent, petit module).

24. — Guilhaume III d'Angleterre, 1689 (bronze doré, grand module).

25. — Le prince Eugène, 1704 (argent, petit module).

26. — Le maréchal de Villars (bronze, grand module, signé *Du Vivier* 1714).

27. — Louis XV jeune 1733 (argent, petit module).

28. — Louis-le-Fort, premier consul de Genève (bronze, grand module, signé *Dassier* 1734).

29. — Le cardinal de Fleury 1736, signé *Dassier* (argent, moyen module).

30. — Catherine de Russie, 1782 (argent, grand module).

31. — Moyen module d'argent, signé *Dupré*. A la face « *P.* » *And. de Suffren St Tropez, chev. des ord. du roi. gr. croix* » *de l'ordre de St-Jean de Jérus. vice amiral de France.* » Au revers, l'exergue « *Le Cap protégé, Trinquemale pris.* » *Goudelour délivré. l'Inde défendue. Six combats glorieux.* » — *Les Etats de Provence ont decerné cette médaille*, 1784. »

32. — Louis XVI. Grand module (bronze), signé *Du Vivier*, au revers « *Abandon de tous les priviléges* » (IV *août* 1789), signé *Gatteaux*.

33. — Médailles des règnes de Napoléon Ier et de Louis-Philippe, etc.

(Plusieurs de ces dernières sont des dons de M. le docteur Arnaud).

543. — Sceau du roi René.

Il est formé d'une dalle oblongue de calcaire compacte ou pierre lithographique mesurant : H. 0, 28, L. 0, 21.

On y voit d'un côté le profil du prince sculpté en bas-relief et portant des restes non équivoques de peinture. De l'autre côté est gravé le moule de ses armes ; celles-ci sont écartelées au 1er de Hongrie, au 2e de Sicile, au 3e de Jérusalem, au 4e d'Anjou, au 5e de Bar, et sur le tout d'Aragon ; l'écu est entouré d'un chapelet avec la devise deux fois répétée *Devot li suis*, que René avait adoptée en témoignage de son amour pour Isabelle de Lorraine, sa première femme.

544. — Collection sigillographique (bronze).

Elle est surtout composée de sceaux de familles ; on y voit cependant quelques sceaux épiscopaux et conventuels....... Parmi ces derniers, on en remarque un (A) de la collégiale de Saint-Martin, de Marseille, portant la date 1592.

545. — Bagues et anneaux épiscopaux (bronze).

Plusieurs portent un sceau au chaton

546. — Zodiaque mystique.

On lit au bas d'une estampe qui représente ce zodiaque : « *Hoc opus Nobilis Alemanni, A. C. continet imaginem Mi-* » *cro - et Macrocosmicam, admiranda industria spectandam.* » *oculis contemplandam, quam frater illuminatus, vulgò* » *Rosæ Crucis, flando extrûxérat, natus anno 1378 et post* » CXI. *denatus, anno 1484, deinde ex musæis Aquarum Sex-* » *tiarum nobilissimus dominus Petrus, Henricus, Vincentius* » *de Lombard, marchio du Catellet subtraxit, et supra sem-* » *per vivis, jussit apponi, idibus augusti an*° MDCCLI, *una cum* » *littéris latinis, arabicis, æthiopicis, hebraicis, ante, et post* » *transitum fluminis. H. Coussin sculp. ex anaglypho R. P.* » *H Moulin ord. ff. Min. convent; hanc apud opifices for-* » *tuito inventam, ex ipsorum manibus statim ereptam, et sui* » *ordinis symbolis hyeroglyphicy ornatam in quatuor an-* » *gulis, denuo edidit Aquensis societas rosæ-crucis hermetica.* » *Curâ et sumptibus fratrum* Βαλλιερ, Δ-ζυρμαπ, Φερανδ, Σαυριυ, » *etc. kalendis maii anni* MDCCLXXXVII. »

547. — Amulette de bronze, cerclée de filigrane d'or.

548. — Triptyque de cuivre, composé suivant le rite grec pour l'usage des soldats russes.

549. — Diptyque d'ivoire (XIVe siècle).

Il a été formé de deux plaques détachées de le reliure d'un livre. Il représente quatre scènes de la Passion accouplées.

550. — Peinture en mosaïque (*).

Elle représente un pic grimpant contre un arbre.

551. — Plat de faïence portant un décor en camaïeu bleu.

(Don de M. le docteur Arnaud).

552. — Caillou gravé au vinaigre portant d'un côté un alphabet syriaque et de l'autre un alphabet chaldéen antique.

(*) Cette mosaïque et la brique décrite au n° 331, avaient été envoyées à Saint-Vincens, ainsi que quelques autres objets d'art, par le savant cardinal Borgia.

553. — Autre caillou portant, comme le précédent un alphabet d'une langue orientale.

On présume que ces deux objets étaient, en Egypte, à l'usage des élèves dans les écoles.

554. — Poire à poudre en bois de cerf.

555. — Lampe à quatre becs. — Clef. — Boutons jumeaux formant une agrafe. — Objets divers.

556. — Epée à garde de fer, du genre appelé braquemart (XVIe siècle)

557. — Rondache de fer repoussé (XVI siècle).

Le sujet représenté est : *La constance de Mucius Sævola.*

558. — Bouclier arabe en joncs, recouvert de soie et de métal.

On y lit, sur deux zones concentriques, un texte arabe dont nous devons la traduction à M. l'abbé Diouloufet, professeur à la faculté de théologie d'Aix.

Mahomet, après avoir remporté une éclatante victoire, suppose que Dieu la lui avait prédite : « Au nom de Dieu, le clément, le miséricordieux, Nous t'avons accordé une victoire » éclatante, afin que Dieu ait l'occasion de te pardonner tes » fautes anciennes et récentes; afin qu'il accomplisse ses bienfaits envers toi et te dirige vers le droit chemin, afin qu'il » t'assiste de son puissant secours. C'est lui qui fait descendre » la tranquillité dans les cœurs des fidèles, afin qu'ils augmentent encore leur foi. Les armées des cieux et de la terre appartiennent à Dieu; il est savant et sage. Il introduira les » croyants, hommes et femmes, dans les jardins où couleront » les fleuves, ils y demeureront éternellement. Dieu effacera » leurs péchés. C'est un bonheur immense auprès de Dieu. »

559. — Pièce de canon sur son affût (XVIIIe siècle).

Petit modèle richement orné.

(Don de Mme la marquise de Gueidan, 1861*)*.

560. — Fusil de chasse richement monté et incrusté en argent (XVIIIe siècle).

Il est signé : *Le Lorain, à Valence,* 1735.

(Même provenance).

561. — Poignard à gaîne (XVIIIe siècle).

Monture en vermeil.

(Même provenance).

562. — Sabre turc rapporté d'Egypte par le général du Muy.

(Même provenance).

563. — Epée d'ordonnance.

(Même provenance).

564. — Tambourin, flûtet, tympanums et palets.

Instruments de musique d'un usage ancien en Provence.

(Dons de M. le docteur Arnaud).

LEGS-GRANET (*)

Nous avons dit, au commencement de ce livre, comment le Musée d'Aix est devenu possesseur de la collection de tableaux et autres objets d'art que nous allons décrire dans cette dernière partie.

Une notice sur Granet eut été sans doute ici en son lieu, si, après les pages que lui ont consacré depuis longtemps les biographes et les critiques les plus distingués, l'histoire de sa vie, dans laquelle l'artiste et l'homme privé sont dépeints par des faits le plus souvent inédits jusqu'à aujourd'hui et recueillis dans des mémoires manuscrits laissés par Granet lui-même, n'eut été racontée récemment à la cérémonie d'inauguration de la galerie renfermant son legs.

Ce travail aussi complet qu'intéressant de M. le docteur Silbert, a été livré à l'impression, et sa publication a précédé d'assez peu de temps celle de ce Catalogue pour que nous croyions devoir renvoyer à cette Notice le lecteur désireux de connaître quelles furent les destinées de notre célèbre peintre aixois et dans quelles circonstances furent exécutées ses principales productions (**).

(*) Quelques tableaux qui ont figuré dans les salles Granet pendant les premiers temps de leur ouverture, ont dû être remis à Mademoiselle Granet qui s'en est réservée la jouissance.

(**) V. *Notice historique sur la vie et l'œuvre de Granet,* par M. le docteur Silbert. — A. Makaire, imprimeur-libraire, Aix, 1862.

ŒUVRE-GRANET.

GRANET (FRANÇOIS-MARIUS), *né à Aix le* **17** *décembre* **1775**, *mort dans la même ville le* **21** *novembre* **1849**; *élève de Constantin et de David; conservateur des tableaux du Musée Royal* (**1826**), *membre de l'Institut* (**1830**), *directeur des galeries historiques de Versailles, membre des académies de Saint-Pétersbourg, de Rome, de Berlin, de Bruxelles etc.* (*)

565. — Vieillard méditant (1802).

(*Acquis par la ville* (**). *T. H.* 0,60. *L.* 0,50.

566. — Une femme vient dérober du vin chez un vieillard que l'on voit endormi auprès d'une table.

T. H. 0,63, *L.* 0,50.

(*) Granet était aussi décoré du cordon de Saint-Michel depuis 1822 et officier de la Légion-d'Honneur depuis 1833 (il avait reçu la croix de chevalier en 1819). Mademoiselle Granet, en faisant hommage au Musée des insignes de ces ordres réunis dans un cadre, où figurent, avec d'autres, deux médailles d'or obtenues par son frère, l'une au salon de 1808, l'autre en 1826, à l'exposition de Cambrai, a exprimé le désir qu'ils fussent placés en face d'un monument domestique que Granet consacra à la mémoire de son père, et qu'il forma des outils dont se servait ce dernier pour sa profession de maçon.

(**) On a joint au Legs-Granet quatre tableaux de sa main que le Musée possédait antérieurement.

567. — Intérieur de la chapelle du Calvaire à Lyon.

(*Cabinet Saint-Vincens*). *P.* H. 0,44, L. 0,36.

568. — Portrait de l'auteur jeune.

T. H. 0,37, L. 0,29.

569. — Portrait de femme âgée.

T. H. 0,48, L. 0,37.

570. — Le Poussin, mort à Rome en 1663, reçoit à ses derniers moments les soins du cardinal Massimo et les secours de la religion.

Première pensée d'un tableau de l'auteur, qui fait partie de la galerie Demidoff et qui figura au salon de 1834.

T. H. 1,50 L. 1,98.

571. — Captivité de Vert-Vert après son retour au couvent (salon de 1834).

« Ce n'est pas tout : pour comble de misère,
» On lui choisit pour garde, pour géolière,
» Pour entretien, l'Alecton du couvent,
» Une converse, infante douairière,
» Singe voilé, squelette octogénaire,
» Spectacle fait pour l'œil d'un pénitent.
» Malgré les soins de l'Argus inflexible,
» Dans leurs loisirs souvent d'aimables sœurs,
» Venant le plaindre avec un air sensible,
» De son exil suspendaient les rigueurs ;
» Sœur Rosalie, au retour de matines,
» Plus d'une fois lui porta des pralines. »

(GRESSET, *Vert-Vert*, chant IV).

(*Don de M. le ministre de l'Intérieur*, 1834).

T. H. 1,23, L. 0,96.

572. — Le cardinal protecteur de l'église *di Santa-Maria-degli-Angeli* à Rome, vient avec toute sa suite en prendre possession. (1835. Salon de 1836).

T. H. 1,95, L. 2,67.

573. — Solitaires construisant une chapelle rustique (salon de 1843).

T. H. 0,52, L. 0,62.

574. — Intérieur d'une salle d'asile (1844).

(*Don de l'auteur* 1844). *T.* H. 0,98, L. 1,37.

575. — Eudore dans les catacombes de Rome (salon de 1847).

Ayant été désigné pour défendre les chrétiens devant l'empereur Dioclétien, il rend grâce à Dieu ; dans ce moment, les confesseurs et les martyrs tombent à ses pieds et lui baisent le bas de la robe. (CHATEAUBRIAND, *Les Martyrs*).

T. H. 1, 15, L. 1,65.

576. — Michel Nostradamus, médecin et astronome de Charles IX et de Catherine de Médicis, donnant des consultations (1846. Salon de 1847).

T. H. 0,96, L. 1,35.

577. — Des chrétiens, pendant les persécutions, viennent le soir retirer le corps d'un martyr jeté dans un cloaque de Rome (salon de 1847).

T. H. 0,94, L. 1,33.

578 — Un quart d'heure avant l'office (salon de 1847).

Variante de la *Vue de l'intérieur du chœur de l'église des capucins de la place Barberini à Rome*, du même auteur.

T. H. 0,73, L. 0,61.

579. — Célébration d'une messe pendant la Terreur (1847).

Le lieu représenté est l'intérieur d'un comble du palais du Louvre qui fait le sujet du tableau décrit au n° 26 du présent Catalogue. *T.* H. 1,50, L. 1, 96.

580. — Le baisement du crucifix, le Vendredi-Saint.

T. H. 1,21, L. 1,71.

581. — Vue d'une partie du cloître de Saint-Sauveur à Aix.

T. H. 0,73, L. 0,93.

582. — Capucins rédigeant un écrit (1848).

T. H. 0,71, L. 0,95.

583. — Capucins se chauffant (ébauche).

(*Don de M. Martin*). *T.* H. 0,70, L. 0,95.

584. — Derniers moments d'une religieuse (ébauche).

T H. 2,09, L. 1,58.

585. — Portrait de l'auteur.

T. H. 0,79, L. 0,61

586. — La récolte des citrouilles en Provence.

Site pris sur la terrasse de la maison de campagne de Granet, au Malvallat, près d'Aix. *T.* H. 0,72 L. 0,93.

587. — Un enterrement dans une crypte, aux premiers siècles de l'Eglise.

T. H. 1,21, L. 1,75.

588. — Docteur du XVIe siècle écrivant.

T. H. 0,23, L. 0,18

589. — Femme du peuple de Rome (1809).

E viva Madalena, s'écrie-t-elle sur le seuil d'une porte, en apportant un bouquet à Madame Granet, dont le prénom était *Madeleine*. *T.* H. 0,21, L. 0, 16.

590. — Sous ce numéro sont comprises cent soixante-cinq peintures de petit format exécutées à l'huile, le plus souvent sur papier marouflé sur toile.

Les sujets d'étude choisis ici par Granet sont des fabriques, des ruines, des vues panoramiques, quelques fragments antiques représentés isolément, des chapelles basses qui devinrent plus tard pour lui des motifs de tableaux, quelques études de figure ; le tout peint en grande partie à Rome ou dans ses environs ; quelquefois aux alentours d'Aix.

---

591. — Dessins (*). — Cette partie du Legs-Granet figure dans le Musée exposée successivement par fractions, comme l'œuvre-Constantin, dans des cadres spéciaux.

On y compte environ 1200 pièces dont la description détaillée entrainerait ici, pour le moment, des difficultés trop grandes et dès lors nous avons dû renoncer à l'entreprendre. Le soin qu'a eu l'au-

(*) Deux cents de ses dessins ont dû, d'après la volonté de Granet, être choisis dans ses portefeuilles pour faire partie de la collection du Musée du Louvre.

teur de transcrire au bas de la plupart de ses dessins, les noms des lieux, les faits historiques et quelquefois les pensées qui lui en ont fourni le sujet, suppléera d'ailleurs en partie à notre réserve ; nous nous bornerons donc à indiquer les caractères généraux des diverses catégories qui composent cette volumineuse collection.

On peut la diviser en quatre séries :

La première comprend des lavis à la sépia et à l'encre de Chine, dont quelques-uns révèlent l'élève de Constantin : là, comme ailleurs, ce sont les ruines, les chapelles, les couvents de Rome et de ses environs qui sont le plus souvent représentés.

Dans la deuxième série, datée de 1802 à 1820 et plus tard de 1841 à 1847, on voit encore des monuments de Rome, puis des vues prises dans les bois des environs de Paris que Granet a dessinés en se servant de la plume, comme l'eut fait de la pointe un graveur d'eaux-fortes.

Dans la troisième série, l'auteur a représenté à l'aquarelle, vers 1846, des vues de Versailles : la pièce d'eau des Suisses, l'escalier des Cent-Marches, etc., ainsi que quelques sites pris sur les quais de Paris ou dans des fermes de la Brie.

Enfin nous comprenons dans la dernière série, des premières pensées de tableaux, des croquis faits d'après nature, et en général tous les dessins de figures.

TABLEAUX D'AUTEURS DIVERS.

BASSAN (JACOPO DA PONTE *dit* LE) *né à Bassano en* **1510**, *mort en* **1592**, *élève de son père et de Bonifazio; chef d'une école qui fut longtemps soutenue par ses quatre fils, Francesco, Léandro, Gio. Batista et Girolamo.* (Ecole Vénitienne).

592. — La Vendange.

T. H. 0,89, L. 0,81.

593. — La Moisson.

Pendant du précédent. *T*. mêmes dimensions.

BOISSELIER (voir page 1).

594. — Plage des Catalans près Marseille.

Effet de clair de lune. *P*. H. 0,21, L. 0,32.

BOGUET fils. . . . .

595. — Intérieur d'un bois traversé par un chemin (1822).

T. H. 0,62, L. 0,48.

596. — Côtes d'Italie.

T. H. 0,37, L. 0,47.

597. — Vue d'une cascade prise sur une terrasse.

On voit, sur le devant, une femme occupée à un travail de couture.

T. H, 0,29, L. 0,36

CAMPIDOGLIO (MICHEL-ANGE *del*) *né à Rome* (XVIIe siècle). Ecole d'Italie

598. — Nature morte.

Grenades, raisin, etc. *T.* H. 1,14, L. 1,66

599. —
599*bis*. — Natures mortes.
599*ter*. —

Cantaloups, pastèque, pêches, raisins etc.

T. H. 0,70, L. 0,95.

600. —
601. — Grappes de verjus.

T. H. 0,36, L. 0,27.

CLÉRIAN (T.-J.), voir page 4.

602. — Château fort.

Avec figures. *T.* H. 0,34, L. 0,26.

COGNIET (LÉON), *né à Paris en 1794; élève de Pierre Guérin, membre de l'Institut.*

603. — Portrait de Granet, représenté à l'âge de 70 ans (salon de 1846).

T. H. 0,64, L. 0,53.

CONSTANTIN (J.-A.), voir pages 5 et 34.

604. — Site agreste.

On voit dans ce paysage un solitaire en prière surpris par des Musulmans; ces figures sont de la main de Granet.

T. H. 0,83, L. 1,05.

605. — Arbres et rochers.

Avec figures. *T.* H. 0,27, L. 0,41.

606. — Site traversé par un cours d'eau.

T. H. 0,26, L. 0,35.

607. — Bords d'un cours d'eau.

Effet du soir. *P.* H. 0,17, L. 0,25.

608. — Tête d'homme.

P. H. 0,18, L. 0,11

COURTOIS (voir page 6).

609. — Combat de cavaliers.

P. Forme ronde, D. 0,24.

610. — Raliement de cavaliers.

Pendant du précédent. *P*. Mêmes dimensions.

DUCIS (voir page 7).

611. — Portrait de Madame Granet.

T. H. 0,64, L. 0,52.

612. — Marie Stuart et David Rizzio (esquisse).

T. H. 0,14, L. 0,11.

DUQUEYLARD (voir page 7).

613. — Belisaire disgracié par l'empereur Justinien et rendu aveugle, demande l'aumône au pied d'un arc de triomphe élevé à sa gloire.

Répétition d'un autre tableau de l'auteur.

T. H. 1,58. L. 1,21.

FAUCHIER (voir page 8).

614. — Portrait de femme.

Ovale. *T*. H. 0,68, L. 0,55.

FORBIN (voir page 9).

615. — Intérieur de la chapelle de Beaumanoirs à Léon, près Dinan.

T. H. 0,45, L. 0,33.

616. — Le Campo-Santo de Pise (esquisse).

T. H. 0,32, L. 0,40

GERICAULT (JEAN-LOUIS-THÉODORE-ANDRÉ), *né à Rouen en* 1791, *mort en* 1824 ; *élève de Carle Vernet et de Guérin.*

617. — Etude d'académie.

Papier marouflé sur toile. H. 0,88, L. 0,67.

GUERIN (J.-B.-PAULIN), *né à Toulon en* 1793, *mort en* 1855.

618. — Portrait de Granet (1819).

T. H. 0,63, L. 0,52.

HOOGHE (PIERRE DE). *Le lieu et les dates de sa naissance et de sa mort sont inconnus.* (XVIIe *siècle*) ; *élève de Berghem.* (Ecole Hollandaise).

619. — Intérieur d'une maison hollandaise.

Deux femmes, dont l'une tient un panier et l'autre une écumoire, s'entretiennent devant une cheminée. On voit au fond, par une porte ouverte, un homme lisant, assis auprès d'un escalier. *T.* H. 0,71, L. 0,83.

INGRES (voir page 11).

620. — Portrait de Granet dans sa jeunesse.

Peint à Rome (*). *T.* H. 0,72, L. 0,61.

621. — Etude de Vieillard à mi-corps.

P. H. 0,70, L. 0,53.

622. — Tête d'homme (étude).

T. H. 0,33, L. 0,24.

JORDAENS (JACQUES), *né à Anvers en* 1594, *mort dans la même ville en* 1678 ; *élève d'Adam Van Oort et de Rubens.* (Ecole Flamande).

623. — Scène d'intérieur.

Le sujet représenté ici est obscur : il semble cependant rappeler, avec les anachronismes propres aux anciens artistes joints à peu de conformité avec le récit d'Homère, le retour d'Ulysse chez Pénélope sous les traits d'un mendiant. L'instant choisi par le peintre serait celui où la mère de Télémaque vient d'ordonner à l'économe Eurynome d'apporter un siége afin qu'elle puisse entretenir son hôte assis à son côté. (*Odyssée*, chant XIX).

T. H. 1,17, L. 2,25.

(*) V. l'œuvre d'Ingres, nº 14

LUCATELLI *ou* LOCATELLI (ANDREA), *romain, mort à Rome en* 1741; *élève de Paolo Anesi*. (Ecole d'Italie).

624. — Vue d'une plage avec navires et figures.

T. H. 0,24, L. 0,52.

625. — Sujet analogue au précédent.

T. Mêmes dimensions.

MALTESE (FRANÇOIS) *né dans l'île de Malte* (XVIIe *siècle*). (Ecole d'Italie).

626. — Apprêts d'un festin.

Sur une table de pierre que recouvre un tapis de brocart, un serviteur vient déposer un plat de confitures. On voit dans le fond une servante, et sur le devant des fruits, des fleurs et des vases d'argent. *T*. H. 1,83, L. 2,84.

MIGNARD (NICOLAS-MORE *dit*) *né à Troyes, en* 1608, *mort à Paris en* 1668. (Ecole Française).

627. — Mars et Vénus.

Peint à Avignon en 1658. *T*. Forme ronde, D. 1,32.

ROOS (PHILIPPE-PÉETER), *dit Rosa de Tivoli, né à Francfort en* 1655, *mort à Rome en* 1705; *élève de son père*. (Ecole Allemande).

628. — Têtes de chèvres (étude).

T. H. 0 47, L. 0.62.

SASSOFERRATO (GIO-BATISTA-SALVI *dit* LE), *né à Sassoferrato en* 1605, *mort en* 1685. (Ecole Romaine).

629. — Vierge.

T. H. 0,47, L. 0,38.

STERN (IGNACE) *dit Stella, en Italie, né en Bavière en* **1698**, *mort en* **1746**. (Ecole Allemande).

630. —
630*bis*. — Fleurs.

T. H. 0,45. L. 0,33.

TENIERS (DAVID), *le jeune, né à Anvers en* **1610**, *mort à Perk, près Malines en* **1694**; *élève de son père et d'Adrien Brauwer*. (Ecole Flamande).

631. — Vue de Flandre.

P. H 0,16. L. 0,22.

TREVISANI (ANGIOLO), *né à Capo d'Istria* (**1730**), *élève de Zanchi*. (Ecole Vénitienne).

632. — Tête de jeune fille (étude).

T. H. 0,45. L. 0,35.

TABLEAUX ANONYMES.

AUTEURS GRECS (voir page 19).

633. — Le Sauveur représenté entre deux saints (XIIe siècle).

P. H. 0,94, L. 0,62.

634. — La Vierge porte l'Enfant Jésus qui tient le globe du Monde et donne la bénédiction.

P. H. 0,70, L. 0,53.

635. — La Vierge allaitant l'Enfant Jésus.

P. H. 0,24, L. 0,20.

636. — La Vierge caressée par l'Enfant Jésus.

P. H. 0,19, L. 0,16.

637. — La Vierge et l'Enfant Jésus.

P. H. 0,15. L. 0,12.

638. — Tête de Christ.

T. H. 0,30, L. 0,20.

ECOLES D'ITALIE.

639. — La Vierge tenant l'Enfant Jésus est entourée de quatre saints (XIIIe siècle).

Partie centrale d'un tabernacle. *P.* H. 0,41. L. 0,18

640. — Sainte Claire d'Assise.

C. H. 0,11, L. 0,09.

641. — Le Christ en croix, à ses pieds la Vierge et saint Jean. (XIVe siècle).

Forme ogivale. *P.* H, 0,49, L. 0,22.

642. La Vierge et l'Enfant Jésus ; à droite une figure en prière (XVe siècle).

P. H. 0,24, L. 0,19.

643. — Saint Bernardin de Sienne, sainte Catherine, saint Paul hermite et un saint évêque.

Portion d'un retable. *P.* H. 0,33, L. 0,53

644. — Adoration des Mages (ancienne école Vénitienne).

P. H. 0,29, L. 0,24.

645. — L'Annonciation.

P. H. 0,51, L. 0,42.

646. — Ecce Homo.

P. H. 0,39, L. 0,29.

647. — Ecce homo soutenu par deux anges.

P. H. 0,14, L. 0,11.

648. — Abbé crossé et mitré.

Ce tableau porte un encadrement fixe surmonté d'un arc trilobé. *P.* H. 0,78, L. 0.49.

649. — Saint Sébastien.

Tableau votif. *P.* H.0 64, L. 0,32.

650. — Vierge noire.

P. H. 0,44, L. 0,30.

651. — Vierge noire.

Tableau votif (1606).

Deux anges lui posent la couronne sur la tête ; elle protége de son manteau quatre enfants de la famille *Columna*, nommés *Frédéric, Jérôme, Hippolyte et Anne*. *T.* H. 1,95, L. 1,26

652. — Le grand prêtre Onias III reçoit les présents de Séleucus Philopator pour l'entretien du temple.

(*Les Machabées*, liv. II, chap. III.)

T. H. 1,90, L. 2,88.

653. — Saint Charles Borromée, cardinal, archevêque de Milan, né en 1538, mort en 1584.

T. H. 1,10, L. 0,77.

654. — Portrait d'un inconnu représenté avec l'habit de l'Observance.

T. H. 1,34, L. 0,97.

655. — Saint François en prière.

T. H. 0,73, L. 0,59

656. — *Vera effigies beati Francisci.*

T. H. 0,31, L. 0,19.

657. — Saint Jean Népomucène, chanoine de Prague, né vers 1320, mort en 1383, victime du secret de la confession.

Ovale. *T.* H. 0,86, L. 0,69.

658. — Portrait du cardinal *Bernard Sal.*

P. H. 0,65, L. 0,52.

659. — Portrait de Clément IX, pape.

T. H. 0,59, L. 0,43.

660. — Portrait du cardinal Bartoloméo Cesis.

T. Mêmes dimensions.

661. — Portrait d'un cardinal.

T. H. 0,70, L. 0,57.

662. — Portrait du cardinal Antonio Baroldi, de Modène, 1692.

T. H. 0,69, L. 0,57

663. — Portrait d'un cardinal.

T. Mêmes dimensions.

664. — Portrait d'un cardinal.

P. Forme ronde. D. 0,23.

665. — Portrait d'un cardinal.

Pendant du précédent. Mêmes dimensions.

666. — Portrait de femme.

Costume du XVIe siècle. *T.* H. 0,70, L. 0,57.

667. — Portrait d'homme (XVIe siècle).

T. H. 0,59, L. 0,46.

668. — Jeune garçon en buste.

P. H. 0,23, L. 0,20.

669. — Tête de Christ.

T. H. 0,47, L. 0,39.

670. — Tête d'ange nimbée.

T. H. 0,48, L. 0,38.

671. — Vue intérieure d'un édifice romain.

Le sujet représenté par les figures est : *le Denier de César.*

T. H. 1,22, L. 1,31.

672. — Vue perspective de l'extérieur d'un palais.

T. H. 1,18, L. 1,32.

673. — Piscine entourée d'un péristyle.

Avec figures. *T.* H. 0,71, L. 0,95.

674. — Repos de la Sainte-Famille.

T. H. 0,46, L. 0,63.

675. — Les Noces royales (grisaille).

« 11. — Le roi entra ensuite pour voir ceux qui étaient à table ; et y ayant aperçu un homme qui n'était point revêtu de la robe nuptiale. . . . .

. . . .

« 13. — Alors le roi dit à ses gens : liez-lui les mains et les pieds, et jettez-le dans les ténèbres extérieures.......

(*St Mathieu*, chap. XXII).

T. H. 0,41, L. 0,58.

676. — Une reine vient recevoir l'habit d'un ordre religieux.

T. H. 0,27, L. 0,21.

677. — Après un combat.....

T. H. 0,68, L. 0,93.

678. — Le Montreur de curiosités.

T. H. 0, 46, L. 0,59.

679. — Débarcadère d'un port de mer.

T. H. 0,50, L. 0,64.

680. — Le Christ en croix, la Vierge et saint Jean.

D'après Michel-Ange. *C.* H. 0,28, L. 0,21.

681. — Poissons.

T. H. 0,73 L. 0,98.

681 *bis*. — Poissons, chaudron et melon.

T. H. 0,54, L. 1,08.

682. — Paysage (*attribution* G. DUGHET dit GASPRE).

T. H. 0,36, L. 0,45.

683. — Paysage (*attribution* F. MOLA).

Solitaire en méditation. *T.* H. 0,64, L. 0,46.

684. — Paysage (*attribution* SALVATOR ROSA).

Moines dans une sollitude. *T.* H. 0,30, L. 0,40.

685. — Paysage.

Soleil couchant. *T.* H. 0,46, L. 0,59.

ECOLES FLAMANDE ET HOLLANDAISE.

686. — Triptyque.

Le tableau central représente l'Adoration des mages, le vole de gauche, la Nativité, et celui de droite, la fuite en Egypte.

P. H. 0,74, L. 0,24.

687. — Paysage avec figures (*attribution* PAUL BRIL).

Site montagneux. *P.* H. 0,28, L. 0,37.

688. — Paysage.

Sujet : Les Disciples d'Emmaüs. *C.* H. 0,17, L. 0,23.

689. — Délivrance de saint Pierre (*attribution* GÉRARD HONTHORST, dit en Italie GERHARDO DELLA NOTTE).

Effet de lumière.

« 8. — Et l'ange lui dit : Mettez votre ceinture et chaussez » vos souliers. Il le fit ; et l'ange ajouta : Prenez votre vête- » ment et suivez-moi. » (*Actes des apôtres*, chap. XII).

T. H. 1, 46, L. 2,13.

690. — Paysage.

Une rivière coule au pied d'un coteau. On voit sur le devant un bac chargé de figures qui ne sont pas de la même main que le paysage. *T.* H. 1,17, L. 1,55.

691. — L'Inconduite de Calisto découverte par Diane *attribution* POELEMBOUG).

P. H. 0,39, L. 0,54.

692. — L'Annonciation.

C. H. 0,31, L. 0,37.

693. — La Présentation au temple.

C. Mêmes dimensions.

694. — Hercule étouffant Antée (*attribution* RUBENS).

Grisaille. *P.* H. 0,30, L. 0,26.

695. — La Prière en famille.

T. H. 0,41, L. 0,36.

696. — Chariot surpris par des brigands au passage d'un gué (*attribution* PIERRE OU JEAN WOUWERMAN).

T. H. 0,30, L. 0,39.

697. — Musicien ambulant arrêté devant une habitation. (*Attribution* JEAN MIEL).

T. Forme ronde. D. 0,42.

698. — Concert de Paysans.

Ovale. P. H. 0,21, L. 0,18.

699. — Pont et moulins sur un cours d'eau.

P. H. 0,08, L. 0,19

ECOLE FRANÇAISE.

700. — Persée vient de trancher la tête de Méduse (*attribution* POUSSIN).

On voit fuir les deux autres gorgones Euriale et Sthenyo, et Pégase naître du sang de la victime. *T.* H. 0,30. L. 0,47.

701. — Mariage du jeune Tobie.

Cette toile paraît être une production de l'académie de Saint-Luc à Rome.

« 15. — Et prenant la main droite de sa fille, il (Raguel) la » mit dans la main droite de Tobie, et leur dit : Que le Dieu » d'Abraham, le Dieu d'Isaac et le Dieu de Jacob soit avec vous; » que lui-même vous unisse....... » (*Tobie*, chap. VII).

T. H. 2,60, L. 3,34.

702. — Saint Pierre ressuscitant Tabithe (esquisse).

(*Actes des apôtres*, chap. IX)

T. H. 0,34, L 0,24.

703. — Jésus dans le désert (esquisse).

« 11. — Alors le diable le laissa ; et en même temps les » anges s'approchèrent, et ils le servaient. »

(*Evangile de saint Mathieu*, chap IV).

T. H. 0,48, L. 0,37.

704. — Portrait d'un militaire.

C. Ovale. H. 0,21, L. 0,17.

705.—Portrait d'homme peint en miniature (XVIe siècle).

C.

706. — Portraits d'hommes peints en miniature (XVIIe siècle).

C.

707. — Portrait d'un militaire peint en miniature (XVIIe siècle).

C.

708. — Portrait d'un dominicain, peint en miniature (XVIIe siècle).

C

709. — Portrait de femme peint en miniature (XVIIe siècle).

P.

710. — Tête d'homme (XVIIIe siècle).

H. 0,37, L. 0,30

711. — Mars et Vénus (esquisse).

P. H. 0,18, L. 0,14.

712. —
712 bis. — Têtes de genre.

P. H. 0,14, L. 0,12.

713. — Portrait de femme âgée.

P. 0,20, L. 0,15.

714. — Louis XI.

T. H. 0,23, L. 0,14.

715. — Paysage.

Chute d'eau *T.* H. 0, 34, L. 0,26.

716. — Paysage.

Au fond un édifice antique : sur le devant un sujet biblique.

T. H. 0,44, L. 0,36.

717. — Etude de chien.

T. H. 0,17, L. 0,29.

718. — Plage avec figures et barques.

P. H. 0,20, L. 0,29.

719. — Paysage (fixé), signé Robin Viollette, 1821.

. H. 0,08, L. 0,12.

720. — Portrait de Claude Gelée dit le Lorrain, né en Lorraine en 1600, mort à Rome en 1682.

Copie exécutée par Dominique Papéty, né à Marseille en 1815, mort dans la même ville en 1849. *T.* H. 0,60, L. 0,45.

721. — Portrait du Poussin, né aux Andelys en 1594, mort à Rome en 1665.

Copie d'après une peinture du Poussin, du Musée du Louvre.
T H. 0,90, L. 0,68.

ECOLES INCONNUES.

722. — Guirlande de fleurs.

Au centre la figure de l'Ecce homo. *T.* H. 1,33, L. 0,94.

723. —
723bis. — Volailles et fruits.
723ter. —

T. H. 0,49, L. 0,64

724. —
724bis. — Fruits et légumes

T. H. 0,34, L. 0,41.

725. — Poissons.

T. H. 0,32, L. 0,41.

726. —
726bis. — Couronnes de fleurs.

T. H. 0,69, L. 0,54.

727. — Paysage.

Lisière d'un bois. *T.* H. 0,50, L. 0,65.

728. — Paysage.

Site montagneux. *P.* H. 0,36, L. 0,46.

729. — Paysage.

Rochers. *T.* H. 0,45, L. 0,49.

730. — Marine.

Effet de clair de lune. *P.* H. 0,24, L. 0,41.

731. — Paysage.

Ruine, effet du soir.
P. Forme à pans coupés H. 0,18, L. 0,25.

732. —
732bis. — Paysages.

Fabriques avec figures. *P.* Forme ronde D. 0,26.

733. —
733bis. — Paysages historiques.

P. Forme ronde. D. 0,25.

734. —
734bis. — Têtes du Christ et de la Vierge.

T. Ovale. H. 0,53 L. 0,39.

735. Portrait d'un inconnu.

T. H. 0,61, L. 0,48.

736. — Portrait de femme.
T. H. 0,43, L 0,34.

737. — Portrait de femme vêtue de vert.
T. H. 0,46, L. 0,36.

738. — Portrait de femme.
T. H. 0,43, L. 0,34.

739. — Tête d'étude.
T. H. 0,37, L. 0,27.

740. — Tête de moine.
T. H. 0,59, L. 0,44.

741. — Portrait de Henri IV, roi de France.
T. H. 0,54. L. 0,44.

742. — Tête de Vierge.
C. H. 0,25, L. 0,18.

743. — Tête de sainte.
C. H. 0,25, L. 0,19.

744. — Têtes de vieillard et de jeune fille.
Effet de lampe. *T.* H. 0,54, L. 0,67.

745. — Crucifix.
A ses pieds sainte Madeleine. *T.* H 0,67, L. 0,49.

746. — Immaculée Conception.
T. H. 0,66, L. 0,49.

747. — Saint François aux stigmates.
T. H. 0,57, L. 0,29.

748. — Saint Jean de la Croix.
T. H. 0,46, L. 0,34.

749. — La Vierge, l'Enfant Jésus, saint Jean Baptiste et deux anges.
T. H. 0,28, L. 0,36.

750. — La Vierge l'Enfant Jésus et deux anges.
P H. 0, 20, L. 0,28

751. — L'Assomption (esquisse).
T. H. 0,46, L. 0,37.

752. — Apothéose d'un saint.
T, H. 0,48, L. 0,37

753. — Les disciples d'Emmaüs reconnaissant le Christ.
C. H. 0,16, L. 0,21.

754. — Saint Isidore, saint Ignace, saint François Xavier, sainte Thérèse et saint......
C. Mêmes dimensions.

755. — Saint Sébastien.
C. H. 0,21, L. 0,16.

756. — La Vierge au scapulaire.
T. H. 0,17, L. 0,12.

757. — Vieillard et jeunes filles.
P. H. 0,15, L. 0,21.

758. — Tête d'homme.
T

DESSINS.

BODINIER (GUILLAUME), *né à Angers; élève de Pierre Guérin.*

759. — Femme vue de dos (Rome 1830).
Aquarelle.

BOURGEOIS (AMÉDÉE), *né à Paris en 1798; élève de son père, de Gros et de Regnault.*

760. — Vue d'une porte de Rome.
Sépia.

CICERI (PIERRE-LUC-CHARLES), *né à Saint-Cloud en 1782.*

761. — Falaises de l'Océan (1831).
Aquarelle.

CLERIAN (T.-J.). Voir aux pages 4 et 129.

762. — Intérieur d'une basse-cour.
Aquarelle.

CONSTANTIN (J.-A.) Voir aux pages 5, 34, et 129.

763. — Vue d'Aix, prise du côté du sud.

764. — Vue de Digne.

765. — Vue de Digne prise du côté du torrent de la Bléone.

766. — Vue de Digne, du côté de Seyne.

767. — Vue de Digne, du côté du torrent de Mardarie.

768. — Vue de Moustiers.

769. — Vue de la ville et des rochers de Moustiers.

770. — Le Repos de la Sainte Famille au désert.

Les huit dessins ci-dessus sont lavés à l'encre de Chine.

771. — Figures auprès d'un abreuvoir.

A la plume, lavé à l'encre de Chine.

GRANGER (JEAN-PERIN), *né en* 1779 ; *élève d'Allais, Regnault et David.*

772. — Vénus marine.

Aux deux crayons sur papier bleu.

HAUDEBOURT (*Mme* HORTENSE-VICTOIRE), *née* LESCOT, *à Paris* ; *élève de Lethière.*

773. — Un étameur.

Aquarelle.

MILLIN DU PERREUX (ALEXANDRE-LOUIS-ROBERT), *né à Paris en* 1764 ; *élève de Valenciennes.*

774. — Vallée d'Under Hasly.

774 *bis*. — Vallée de l'Aar entre Guttengen et Under Hasly (1796).

Sépia et crayon.

THIENON, ...

775. — Site d'Italie.

Aquarelle

TURPIN DE CRISSÉ (LANCELOT – THÉODORE, *comte*), *né à Paris en* **1781** ; *élève de son père.*

776. — Le château de La Barben (arrondissement d'Aix) 1820.

Sépia.

INCONNUS.

777. — Lettres initiales C, C, N, O, P, détachées d'un antiphonaire.

Miniature sur vélin (XVe siècle).

778. — Le Père Eternel.

Miniature sur vélin, détachée d'un livre d'heures imprimé, (XVIe siècle).

779. — Evêque officiant.

A la plume, lavé à l'encre de Chine

780. — Apothéose de la Vierge.

A la plume, lavé à l'encre de Chine.

781. — Paysage.

A la mine de plomb, signé C. D. 1824.

782. — Portrait de Granet.

A la mine de plomb, 1819.

783. — Derniers moments d'un religieux.

Aquarelle.

OBJETS DIVERS (*)

784. — Armoire en deux corps superposés, ornés de cariatides et surmontés d'une galerie (bois de noyer).

La construction de ce meuble, dans lequel on compte plus de cinquante tiroirs apparents ou secrets, a été terminée le 3 août 1650, comme nous l'apprend une note que l'on lit au-dessous d'un des tiroirs et dans laquelle est détaillé le prix de cet ouvrage.

785. — Autre armoire avec plates-bandes et vantaux sculptés (bois de noyer).

786. — Coffre sculpté et doré dit bahut (bois de noyer).

On y voit deux sujets, en haut-relief, représentant : l'un, Orphée, l'autre, Eurydice (ouvrage florentin, XVIe siècle).

787. — Panneau sculpté en haut-relief, détaché sans doute d'un meuble analogue au précédent.

Les sujets paraissent être : La construction de Rome, et L'invasion gauloise annoncée aux Romains par les oies sacrées.

788. — Suite de quatre sujets historiques, qui ornaient sans doute un meuble.

789. — Meuble à tiroirs, dit cabinet, plaqué d'ébène et incrusté d'ivoire.

(*) Outre les tableaux et les objets qui sont décrits ici, le legs artistique de M. Granet renferme aussi des monuments lapidaires qui ne sont pas encore en la possession du Musée, ainsi que des gravures, tirées surtout de la calcographie du Louvre, parmi lesquelles se trouvent des pièces faisant partie de l'œuvre du Poussin, de Lebrun, de Van-der-Meulen.

790. — } Meubles analogues aux précédents (bois de
790bis. — } noyer).

791. — Pupitre orné de sculptures (bois de noyer).

792. — Coffret en bois noir.

793. — Berceau (XVIIIe siècle).

Jouet d'enfant.

794. — Malle ornée de clous et d'ornements en cuivre (XVIIIe siècle).

795. — Siége pliant en X.

Ouvrage de marquéterie.

796. — } Fauteuils d'assemblée.
796bis. — }

797. — Bas-relief de forme ronde sur ébène.

Le sujet représenté est : *La chute de Phaëton*,

798. — Cartel (XVIIe siècle, bois.

799. — Débris de sculptures provenant de meubles.

800. — Tête *(cuspis)* et pointe inférieure *(spiculum)* d'une lance antique (bronze).

801. — Tête de Griffon (bronze antique pour applique).

802. — Figurine de Mercure (bronze antique).

803. — Pan, (figurine antique, bronze).

804. — Anneau de doigt (bronze).

805. — Marbre pour applique (V. le numéro 276 et suiv.)

806. — Boule de marbre vert présumée antique.

807. — Socle antique d'albâtre.

808. — Vase cinéraire (terre cuite).

809. — Vase de forme allongée (terre cuite).

810. — Lampes de terre (V. au numéro 433).

811. — Vases divers antiques (V. au numéro 438).

812. — Vases arabes.

813. — Image du Crucifié (bronze avec émaux) XIIe siècle.

814. — Croix processionnale (XIIIe siècle).

Elle est en cuivre repoussé, monté sur bois; sa forme est tréflée. Un côté est consacré à la Crucifixion, l'autre à la Vierge.

815. — Porte d'un tabernacle d'autel (albâtre rehaussé de peinture) XVe siècle.

816. — Reliquaire en bronze doré (XVIe siècle).

817. — Encensoirs (cuivre) XVIe siècle.

818. — Bassin d'œuvre (cuivre repoussé).

On y voit au centre saint Georges.

819. — Image de la Vierge.

Lame de cuivre repoussée

820. — Chandelier (nielié)

821. — Chandelier (bronze) XVIIe siècle.

822. — Chandelier (bois doré) XVIIIe siècle.

823. — Coupe (niellé) XVIe siècle.

824. — Roseau gravé en taille-douce.

On y a représenté les légendes de sainte Elisabeth de Portugal et de saint André Corsini, accompagnées des armes du pape Urbain VIII.

825. — Couteau à gaîne richement orné.

Ouvrage italien du XVIe siècle.

826. — Autre couteau également dans une gaine.

827. — Autre à manche d'os,

828. — Ciseau.

829. — Clef en fer.

830. — Médaillons d'empereurs romains et d'impératrices (plombs).

831 — Médaillon du pape Innocent XI (bronze).

832. — Médaillon du cardinal Aldobrandini, neveu du pape Clément VIII (bronze).

833. — Médaillon de Henri E. Edgeworth de Firmont, signé : *Desbœuf f. de Puymaurin d.* (bronze).

834. — Médaillon de Granet (1827), par David d'Angers (bronze).

835. — Figures de la Vierge et de l'agneau apocalyptique (argent repoussé pour applique).

836. — Bas-relief représentant la réception d'un prince à l'entrée d'une ville (bronze doré pour applique).

837. — Peinture en émail.

Vierge de Pitié.

838. — Divinité indienne.

839. — Autre divinité indienne.

840. — Masque de Torquato Tasso, né à Sorrento (11 mars 1544) mort à Rome en 1595.

841. — Empreinte de calcaire incrustant.

842. — Vases décoratifs de petite dimension (marbre rouge).

843. — Jaque de velour cramoisi doublée de lames de fer imbriquées.

844. — Rondache recouverte de cuir gaufré (XVI siècle).

845. — Bouclier indien en cuir de rhinocéros.

846. — Poire à poudre (fer) XVIIe siècle.

847. — Poire à poudre (corne), datée de 1730 .

848. —
848bis. — } Harnois d'hommes d'armes (XVIIe siècle).

Ils sont composés d'un bacinet à visière et oreillettes, d'un colletin avec goussets pour protéger le haut des bras, et d'un corselet garni de faltes continuées par des tassettes ou tuiles.

849. — Plastron orné de gravures à l'eau-forte (XVIe siècle).

850. — Heaume cylindrique avec fentes nazale et horizontale (antérieur au XVe siècle).

851. — Morion, casque de soldat à pied.

Il porte les armes d'un prélat de la famille Aldobrandini.

852. — Cabasset, casque d'infanterie.

853. — Bacinet.

854. — Paires de gantelets et de jambières avec genouillères et solerets à bec de cane articulés (ouvrages modernes).

855. — Pommeaux d'épées.

856. — Epée à poignée de fer ciselée (XVIe siècle).

857. — Epée de longueur, dite estocade, avec prolonge

858. —
858bis. — } Brettes.

859. — Claymore.

Arme nationale d'Ecosse.

860. —
860bis. —
860ter. — } Mains-gauches ou courtes-épées.

861. — Masse d'arme.

862. — Yatagan.

863. — Arbalète (XVIe siècle.

864. — Arbalète (moderne).

865. — Armes d'hast.

Piques et pertuisanes.

MAJOLIQUES, ETC.

866. — Grand plat.

Il porte un sujet historique entouré d'une bordure d'arabesques.

867. — Plats cannelés.

Sur l'un, le décor représente la fable d'Europe, sur l'autre, celle d'Aréthuse et Alphée.

868 — Plat en forme de bassin.

Décor : *Hercule et Dejanire.*

869. — Assiette.

Décor : Phaëton.

870. — Soucoupes.

871. — Petit plat à reflets métalliques.

872. — Plateaux.

873. — Broc en faïence à décor bleu, signé N. D. V. 1737.

874. — Coupe gravée au diamant.

Verroterie de Venise.

875. — Verres à pied italiens.

876. — Vitre peinte de fabrique allemande (XVIe siècle).

On y a représenté l'assaut d'une place (forme ronde, grisaille).

877. — Vitrail d'appartement de fabrique suisse.

Le sujet représenté est une allégorie de *la Résignation* : on y voit dans le haut Job accusé par ses amis.

878. — Autres vitraux analogues au précédent

879. — Vitres de forme ronde, représentant l'une :
879*bis*. — le Baptême de N. S., l'autre sainte Catherine (grisailles).

880. — Saint Nicolas.

Vitre de fabrique française, peut-être des Nouailher de Limoges, comme peut le faire supposer le monogramme que l'on y lit.

APPENDICE.

PEINTURE.

DANDRE-BARDON (Voir page 6).

881. — Auguste punissant des gouverneurs coupables de péculat (peint à Rome en 1729).

(SUETONE, *Vie d'Auguste*).

L'auteur fit modeler par son ami, le sculpteur A. Slodz, les figures représentées sur cette toile qui fut exécutée pour décorer une salle du rez-de-chaussée du palais d'Aix, occupée par la Cour des Comptes (*). *T.* H. 2.35. L. 6.33.

(*) C'est un manuscrit de Saint-Vincens, écrit vers 1790, qui nous fait connaître la place qu'avait ce tableau : d'après ce document, il ne faisait pas le pendant, comme nous l'avons dit par erreur, de celui qui est décrit au numéro 62. Ce dernier tableau (La justice de Trajan, *peint vers* 1690), était au dire de de Haitze (V. *Les curiositéz de la ville d'Aix*) placé au premier étage du palais dans la grand' chambre de MM. du Parlement.

Nous devons aussi consigner ici quelques regrets que nous éprouvons d'avoir accepté sans réserve une tradition fort ancienne et accréditée, qui désigne Pierre comme auteur du tableau numéro 61 : *Andromède* etc... Après un examen récent de cette peinture, on a avancé qu'elle pourrait bien être l'œuvre de Dandré-Bardon.

Ajoutons encore que les deux toiles numérotees 30 et 31 représentant : l'une, *Marseille secourue, en* 1423, *par les habitants d'Aix contre les Aragonais*, l'autre, *L'union de la Procuration du pays au Consulat d'Aix, en* 1535, sont les esquisses de deux grands tableaux qui faisaient partie d'une suite de neuf sujets, exécutés par l'auteur pour la grande salle de l'Hôtel-de-Ville d'Aix.

RICHAUD (Voyez page 17).

882. —Le sanctuaire de l'église Saint-Merry à Paris (exposition universelle de 1855).

(Don de l'auteur, 1862) T. H. 2,08, L. 2,78.

SIEURAC (HENRY), *né à Paris; élève de Paul Delaroche*,

883. — Le triomphe de Fabius.

« Fabius Gurgès, s'étant fait battre par les Samnites, allait
» être destitué du consulat, lorsque son père Fabius Maximus,
» qui avait été cinq fois consul et deux fois dictateur, s'offrit
» de servir sous ses ordres en qualité de lieutenant. Les Sam-
» nites furent taillés en pièces, et leur chef Pontius Herennius,
» qui, trente années auparavant, avait fait passer les Romains
» sous les Fourches Caudines, fut fait prisonnier.
» Fabius assiste à cheval au triomphe de son fils, le corps
» peint de vermillon, précédé des captifs et des dépouilles des
» vaincus que raillent les insulteurs, costumés en faunes. »

(Livret du Salon de 1861).

(Don de l'Empereur, 1862). H. 1,78, L. 2,93.

CALCOGRAPHIE.

MULLER (FRÉDÉRIC), *dessinateur et graveur au burin, né à Stuttgard en* 1782, *mort au château de Sonnenstein, près Pirna, en* 1816; *élève de son père J.-G. Von Muller.*

884. — *La Madona di S. Sisto di Rafaele.*

Gravé sur le dessin fait par Mme Seidelman, d'après le tableau de la galerie royale de Dresde.

(Legs Frégier). Très-belle épreuve avant la retouche

REMBRANDT (PAUL), *dit* VAN-RHYN, *peintre et graveur à l'eau-forte, né près de Leyde en* 1606, *mort à Amsterdam en* 1674.

885. — La Descente de croix.

On lit au revers de cette estampe la note suivante de la main du baron de Claussin : « Cette première épreuve peut être re-
» gardée comme une des plus belles puisque je ne peux pas en
» trouver une, dans les plus belles collections, qui la surpasse,
» et même rarement aussi vive. Je l'ai achetée quinze guinées
» et demi à la vente de la superbe collection de feu........ un
» des plus grands connaisseurs de toute l'Angleterre, ayant
» joui d'une fortune très-brillante. » *Signé* de Claussin. 1792.

(*Legs Frégier*).

SCULPTURE.

OLIVE. (Voyez page 50).

886. — Buste de J.-B. Boniface de Fortis, ancien maire d'Aix, né à Aix en 1763 mort en 1848.

(*Don de l'auteur*, 1862). (*Plâtre*)

887. — Buste (étude d'homme âgé).

(*Même provenance*). (*Plâtre*)

SEINE (*de*) . . . . *de l'ancienne académie de peinture et de sculpture.*

888. — Buste du père Jacques Pouillard, religieux carme, savant antiquaire, né à Aix en 1751, mort en 1823 (1816) (*).

(*Don de Mme Nina Bianchi*, 1861 (*Plâtre*).

INCONNU.

889. — Figure d'homme à genoux et joignant les mains (xve siècle), grandeur du quart de nature. Trouvée au quartier de Saint-Mitre.

(*) V. le *Mémorial d'Aix*, no du 16 mars 1862. — Notice sur le P. Pouillard.

Ce personnage porte sur l'épaule droite la croix de l'ordre de Malte.

(Don de M. Marius Valérian, 1861) (*Marbre*)

890. Anneaux de bronze trouvés, en 1859, à Aigoires près Savines (Hautes-Alpes), à un kilomètre des Basses-Alpes, dans une sépulture gallo-romaine.

Il y avait sur le même cadavre 320 anneaux rangés sur deux lignes réunies en V, se touchant les uns les autres, les plus petits placés à l'extrémité inférieure. Cette trouvaille a été recueillie par M. le docteur Ollivier de Barcelonnette.

(Don de M. H. de Ravel d'Esclapon, 1862).

Page 9, ligne 4, lisez 1777 au lieu de 1779.

Même page, au mot Frillié, ajoutez : *(Félix) né à Dijon; élève de Léon Cogniet.*

Au tableau n° 39, ajoutez : (*salon de* 1857).

Page 16, au mot Pinson, ajoutez : *né vers* 1640.

Page 24, au-dessus du tableau n° 115, ajoutez le nom de l'auteur : VERBOECKHOVEN (Charles-Louis), *né en* 1802, *à Warneton (Flandre occidentale).* Ecole Flamande.

On voyait, il y a plus de trente années, les deux monuments numérotés 314 et 380 appliqués sur le mur extérieur de l'église de Notre-Dame-de-la-Seds, au nord-ouest de la ville. Ils avaient été sans doute découverts dans les terrains environnants si fertiles en antiquités.

FIN.

TABLE

LEGS-GRANET.

www.ingramcontent.com/pod-product-compliance
Ingram Content Group UK Ltd.
Pitfield, Milton Keynes, MK11 3LW, UK
UKHW021826190726
13853UKWH00003B/1211

9 782329 571027